D1328784

LA CUISINE DU BIEN MAIGRIR
DE LA FORME ET DE LA SANTÉ

DU MÊME AUTEUR

Le Nouveau Guide du bien maigrir
Éditions Odile Jacob, 1996.

Le Grand Livre de la forme
(avec Dominique Laty)
Éditions Odile Jacob, 1997.

Dr Jacques Fricker

LA CUISINE DU BIEN MAIGRIR
DE LA FORME ET DE LA SANTÉ

Recettes de Patrick Clavé, chef à Brides-les-Bains

Avec la collaboration de Valérie Gehin, Isabelle Revol
et Marie-José Carduner.

15, rue Soufflot, 75005 Paris
Internet : http://www.odilejacob.fr

ISBN : 2-7381-0545-9

Sommaire

VOTRE MENU MINCEUR AU QUOTIDIEN

SEPT PERSONNAGES EN QUÊTE DE MINCEUR

« La gastronomie est la connaissance raisonnée de tout ce qui a rapport à l'homme, en tant qu'il se nourrit. Son but est de veiller à la conservation des hommes, au moyen de la meilleure nourriture possible. [...]

La gastronomie tient :

À l'histoire naturelle, par la classification qu'elle fait des substances alimentaires ;

À la physique, par l'examen de leurs compositions et de leurs qualités ;

À la chimie, par les diverses analyses et décompositions qu'elle leur fait subir ;

À la cuisine, par l'art d'apprêter les mets et de les rendre agréables au goût ;

Au commerce, par la recherche des moyens d'acheter au meilleur marché possible ce qu'elle consomme. »

BRILLAT-SAVARIN, *Physiologie du goût.*

Pour une vraie gastronomie

Placer une citation de Brillat-Savarin, patron des gastronomes, en exergue d'un livre sur le « bien-maigrir » et sur les relations entre nourriture et santé, une telle attitude ne relève-t-elle pas de la provocation ? À dire vrai, elle ne relève que de la lecture attentive d'un livre fameux, La Physiologie du goût. *Dans cet ouvrage, Brillat-Savarin a réuni ses réflexions sur l'art de se nourrir. Écrit au début du XIX*e *siècle, ce livre plein d'esprit reste encore aujourd'hui source de plaisir littéraire et de réflexion gastronomique.*

À travers la définition qu'en donne Brillat-Savarin, la gastronomie touche à trois domaines :

— la santé, car « son but est de veiller à la conservation des hommes » par des connaissances qui concernent « l'histoire naturelle », « la physique » et « la chimie » ;

— le plaisir à manger, car elle s'intéresse à « l'art d'apprêter les mets et de les rendre agréables au goût » ;

— le budget, « par la recherche des moyens d'acheter au meilleur marché possible ce qu'elle concerne ».

Notre démarche dans cet ouvrage a été de vous proposer une cuisine qui satisfasse ces trois critères : santé, plaisir, économie (en temps et en argent). Sans oublier son aspect minceur, pour ceux et celles qui souhaitent maigrir tout en mangeant de façon gastronomique.

La vraie gastronomie, l'art de bien manger, c'est donc à la fois prendre plaisir à ce que l'on mange et se nourrir de manière à rester en bonne santé. Bien manger, cela constitue l'une de nos spécialités hexagonales : le monde entier reconnaît la gastronomie française comme l'une des plus savoureuses et les Français sont moins touchés par l'obésité ou les maladies cardio-vasculaires que leurs voisins. Cela n'empêche pas chacun de s'interroger sur la meilleure façon de se nourrir. Comment faire le tri entre les nombreuses informations, souvent contradictoires, qu'on nous propose sur la diététique ? Comment optimiser les effets de son alimentation sur sa santé et sur sa forme ? Faut-il vraiment se priver d'aliments dont on a envie mais que tel ou tel régime à la mode prétend interdire ? Quelles sont les méthodes simples et savoureuses pour se préparer des petits plats à bonne valeur nutritionnelle ? Comment bien manger au restaurant ? Et en famille ? Peut-on prévenir, voire guérir, certaines maladies à l'aide d'aliments ?

Pour répondre à vos questions, nous avons réuni dans la première partie les connaissances scientifiques actuelles concernant la manière de « Bien manger pour être en forme et en bonne santé ». La seconde partie illustre la mise en pratique de ces connaissances : vous saurez tout (ou presque) sur les mille et une façons de « Bien cuisiner pour bien manger ».

Les parties suivantes vous expliquent comment « Bien manger pour maigrir et rester mince ». Quel que soit votre objectif, que les kilos en trop vous posent un réel problème de santé ou qu'ils se contentent de vous créer des soucis esthétiques, le défi est double : maigrir en gardant la santé ; maigrir et ne pas regrossir. Or, si avec tous les régimes (ou presque) on perd du poids les premiers mois, il est vrai également que la plupart suscitent des déséquilibres néfastes pour la santé et induisent les conditions propices à une reprise de poids ultérieure. De plus, ils sont souvent difficiles à vivre au quotidien, onéreux ou frustrants. Or les travaux de recherche en nutrition nous indiquent comment manger de façon saine et savoureuse pour maigrir puis rester mince. Nous avons traduit les résultats de ces travaux sous forme de recettes gastronomiques originales et de conseils culinaires de tous les jours. Ces notions pratiques occupent les troisième et quatrième parties sous les titres respectifs de « Les recettes du chef » et « Votre menu minceur au quotidien ». Nos recettes rendront service à ceux qui souhaitent bien maigrir, mais aussi à ceux qui cherchent tout simplement à bien manger, sans avoir forcément un problème de poids.

Quant aux « Sept personnages en quête de minceur », cette dernière partie propose des solutions adaptées pour faire face à des situations qui sont, ou seront, peut-être les vôtres.

Ce livre est le fruit d'une collaboration pluridisciplinaire. Marie-Josée Carduner pratique la diététique dans les hôpitaux de Paris, Valérie Gebin et Isabelle Revol l'exercent à Brides-les-Bains, principale station thermale européenne à visée amaigrissante. Quant à Patrick Clavé, il exerce ses talents de chef à l'hôtel Savoy, l'une des bonnes tables de Brides-les-Bains. Tous les quatre ont beaucoup apporté à la traduction des recommandations nutritionnelles en termes pratiques et gastronomiques destinées à ceux

BIEN MANGER POUR ÊTRE EN FORME ET EN BONNE SANTÉ

De l'assiette au corps

Au cours de la digestion, dans l'intestin, les aliments que nous consommons se scindent en petits éléments qui pénètrent dans notre corps. On les appelle des nutriments. Ce sont eux qui, nourrissant nos cellules, assurent le fonctionnement harmonieux de notre organisme. Pour chacun de ces nutriments, passons en revue ce qu'il faut savoir pour bien choisir ses aliments.

LES PROTÉINES

Leur rôle dans notre corps

Les protéines sont essentielles au bon équilibre de l'organisme. Elles jouent un double rôle : d'une part, *ce sont en quelque sorte les briques de notre corps*. (Ce sont elles qui déterminent l'architecture et les particularités de nos organes.) D'autre part, *elles gouvernent le bon fonctionnement et le développement de notre corps*. On pourrait les comparer aux ordinateurs qui contrôlent l'activité d'une machine. Ce sont, entre autres, les hormones, les enzymes, les anticorps, etc.

Nos besoins

Chaque jour, nous perdons au moins cinquante grammes de protéines, dont les déchets s'évacuent dans les urines. Notre corps ne possédant pas de réserve de protéines, l'alimentation quotidienne doit au minimum nous apporter une quantité équivalente à celle que nous perdons. À défaut, les muscles et les organes rétrécissent et s'altèrent : nous devenons alors plus sensibles aux infections, aux maladies. Par ailleurs, une carence en protéines ralentit notre métabolisme et diminue les dépenses en énergie du corps : ce phénomène facilite à terme la prise de poids.

Où les trouver

Les aliments riches en protéines peuvent être d'origine animale (tableaux p. 307 à 311) :

— viandes (blanches ou rouges, charcuteries, volailles, etc.) ;

— poissons et fruits de mer ;

— laitages (fromages blancs, yaourts, lait, fromage, etc.) ;

— œufs (deux œufs apportent autant de protéines qu'un steak de cent grammes).

Mais ils peuvent aussi avoir une origine végétale (tableau p. 306) :

— céréales (pâtes, riz, pain, céréales du petit déjeuner, maïs, farine, etc.) ;

— légumes secs (pois, lentilles, haricots, fèves, etc.) ;

— soja.

Comment les choisir

Les protéines se composent de petits éléments : les *acides aminés*. On dénombre vingt acides aminés différents, dont huit sont dits « indispensables », car notre organisme ne sait pas les fabriquer. Chaque jour, *la nourriture doit donc nous fournir une bonne quantité de chaque acide aminé indispensable*. Les protéines d'origine animale contiennent généralement chaque acide aminé indispensable.

Les protéines d'origine céréalière (pâtes, riz, pain, céréales du petit déjeuner, maïs, etc.) sont carencées en un acide aminé indispensable, la lysine ; les protéines issues des légumes secs (pois, lentilles, haricots, etc.) contiennent de la lysine mais trop peu d'un autre acide aminé indispensable, la méthionine.

Pour que notre organisme ait à sa disposition *un mélange complet de protéines*, c'est-à-dire tous les acides aminés indispensables, trois solutions s'offrent à nous :

— ne manger que de la viande, du poisson ou des laitages, mais en grande quantité ;

— manger dans un même repas des légumes secs et des céréales (la lysine des légumes secs compensera l'absence de lysine des céréales, et réciproquement pour la méthionine) ;

— associer dans un même repas une bonne part de céréales ou de légumes secs, et un petit morceau de viande (ou de poisson, ou un œuf, ou du fromage râpé) : *les protéines animales valorisent ainsi les protéines végétales*. Cette troisième solution est, nous reverrons pourquoi, celle que nous vous conseillons.

LES GLUCIDES

Leur rôle dans notre corps

Dans le corps, les glucides se présentent sous la forme d'un sucre : le glucose. Celui-ci sert de *carburant énergétique* rapidement utilisable par nos muscles et nos organes. Il est particulièrement important pour le cerveau et les globules rouges.

Nos besoins

Les muscles et le foie sont capables de stocker le glucose. *Nous pouvons donc nous passer de glucides à certains repas* : l'organisme utilise alors ses réserves.

Attention cependant : ces réserves ne permettent de tenir que quelques heures : si on se prive de glucides pendant plus d'une demi-journée, ou si on en consomme trop peu, l'organisme fabrique lui-même du glucose à partir des lipides de la graisse corporelle, mais aussi à partir des protéines des muscles (d'où une perte de poids qui touche trop les muscles et pas assez les bourrelets de graisse).

Où les trouver

Les aliments riches en glucides sont :
— les céréales et les légumes secs (tableau p. 306) ;
— les pommes de terre (tableau p. 314) ;
— les produits laitiers, sauf le fromage (tableaux p. 306, 307, 309) ;
— les fruits (p. 314 - 315) ;
— le sucre et les aliments sucrés (tableau p. 314) ;
— les boissons sucrées (tableau p. 316).

Comment les choisir

Les glucides se différencient en fonction de leur goût sucré ou non sucré et en fonction de leur index glycémique ; celui-ci reflète leur vitesse de digestion.

Pour mieux maîtriser son appétit et son poids, on a intérêt :
— à privilégier les glucides lents ou mi-lents, mi-rapides et à consommer les féculents ou le pain avec des légumes verts ou un peu de matière grasse (voir p. 56 - 57) ;
— à réserver les produits sucrés pour le dessert et ne pas en consommer entre les repas (les grignotages sucrés sont souvent trop gras et conduisent à manger au-delà de ses besoins) ;
— à manger des laitages peu gras et des fruits.

Index glycémique des aliments habituels

	Index glycémique
Glucides rapides	
Carottes	133
Miel	126
Corn Flakes	119
Pain complet ou pain blanc	100
Biscotte	99
Glucides mi-lents, mi-rapides	
Sucre de table	86
Flocons d'avoine cuits	85
Pommes de terre	81
Banane	79
Riz	56-83
Petits pois	74
Spaghetti	64-66
Orange	66
Glucides lents	
Lentilles	30-43
Haricots blancs	23-51
Lait, yaourt	50
Poire, pomme	47-53
Cerises, raisin, pamplemousse	32-36
Fructose	29

(D'après Jenkins, 1981.)

Leur rôle dans notre corps

Le rôle des lipides (appelés encore graisses ou matières grasses) est double : riches en calories (neuf calories par gramme), ils servent de *carburant* pour satisfaire les besoins en énergie de nos cellules ; certains d'entre eux, les acides gras essentiels, participent avec les protéines à l'architecture et au contrôle de l'activité de nos organes.

Nos besoins

À la différence des protéines, nous possédons des réserves importantes de lipides dans la graisse corporelle (appelée aussi tissu adipeux). *On peut donc se passer de lipides sans danger durant quelques jours*. Il est cependant conseillé de ne pas le faire plus d'un mois de suite car notre corps risquerait alors de manquer d'acides gras essentiels (il ne sait pas les fabriquer) : une telle carence expose à des problèmes de peau et à une altération des grandes fonctions de l'organisme.

Où les trouver

Les aliments riches en lipides sont :

— les viandes, les poissons et les laitages gras, les œufs et les charcuteries (tableau p. 309 - 311) ;

— les huiles, le beurre, la margarine, la mayonnaise (tableau p. 312) ;

— l'avocat, les olives, les fruits secs (tableau p. 312) ;

— les viennoiseries, les biscuits, les gâteaux, les chocolats, les frites, les chips (tableau p. 313).

Comment les choisir

Les huiles (olive, arachide, maïs, tournesol, etc.) procurent des acides gras essentiels ; mais point trop n'en faut : *une petite quantité* (à chaque repas l'équivalent de la cuillère à café d'huile contenue dans une part de vinaigrette) *suffit en général pour couvrir nos besoins*.

Les poissons gras contiennent des acides gras très particuliers puisqu'ils ont tendance à protéger les artères de l'athérosclérose et donc de l'infarctus du myocarde (ou crise cardiaque). De plus, on a montré à partir d'études réalisées chez le rat qu'ils font moins grossir que les autres graisses (ce phénomène n'a cependant pas été vérifié chez l'homme).

Par rapport aux huiles dont elles sont issues, les graisses des margarines subissent des transformations pour acquérir une forme plus solide. Ces transformations altèrent leur contenu et conduisent à la création d'acides gras appelés « trans » : ceux-ci ont l'inconvénient d'élever dans le sang le mauvais cholestérol et d'abaisser le bon. Ce processus n'est donc pas favorable pour les artères ; si vous n'aimez pas le beurre ou si on vous a conseillé d'en consommer peu du fait de votre cholestérol, vous mettrez *sur vos féculents ou vos légumes plutôt une cuillère à café d'huile qu'une noisette de margarine* (pour un goût finalement équivalent). Cette proposition est bien sûr impossible à réaliser... sur les tartines ; vous choisirez alors, selon vos goûts, beurre ou margarine.

LES FIBRES

Leur rôle dans notre corps

Les fibres des aliments ne sont pas digérées par l'intestin et se retrouvent dans les selles. Cela ne signifie pas qu'elles soient sans intérêt ; elles permettent en effet de calmer l'appétit et de réduire la sécrétion d'insuline (on supporte ainsi mieux de manger moins) ; de régulariser le transit intestinal et de lutter contre la constipation ; de faciliter le retour à l'équilibre en cas de diabète ou d'excès de cholestérol.

Nos besoins

On pourrait vivre sans consommer de fibres mais maîtriser son poids et avoir un bon transit intestinal deviendrait alors particulièrement difficile. Je ne peux donc que vous conseiller de *manger des aliments riches en fibres, et ce à chaque repas* : vous maigrirez plus facilement puis stabiliserez plus facilement votre nouveau poids.

Où les trouver

Les aliments riches en fibres sont les légumes verts, les légumes secs, les fruits, ainsi que les céréales (surtout sous leur forme complète) et le son.

Comment les choisir

Pour optimiser l'effet coupe-faim des fibres, on a intérêt à en consommer à chaque repas : petit déjeuner associant un fruit à du pain complet ou à des céréales style flocons d'avoine et muesli ; déjeuner et dîner comprenant au moins une crudité en entrée ou, comme plat principal, un légume vert, des légumes secs ou un plat de pâtes ou de riz complets ; dessert et en-cas à base de fruits (la tarte aux pommes est, dans cette optique, préférable au gâteau au chocolat). En diversifiant les aliments, on diversifie la nature des fibres, qui ont chacune des avantages complémentaires.

Ces conseils ne signifient pas que vous devez abandonner les aliments raffinés. Vous pouvez fort bien continuer à préférer le pain blanc ou les formes classiques du riz et des pâtes. Mais alors, consommez en même temps un aliment riche en fibres ; par exemple, un fruit au petit déjeuner avec vos tartines beurrées ; des haricots verts ou des courgettes avec votre riz au déjeuner ; une ratatouille avec vos pâtes au dîner.

Teneur en fibres des principaux aliments

(en grammes pour 100 g de produit cru
sauf pour les aliments porteurs d'un astérisque* : produit cuit)

LÉGUMES		CÉRÉALES	
Asperge*	2,4	Son brut	47
Brocoli	3,3	Farine complète	10,9
Épinard	2,2	Pâtes complètes	9,5
Chou de Bruxelles	5	Pain complet*	5,6
Chou-fleur	2,6	Riz complet	9
Carotte	3,2	Flocons d'avoine	7
Betterave*	2,6	Pain bis*	5
Chou rouge	2,5	Farine blanche	4
Laitue	0,9	Pâtes habituelles	3
Courgette	1	Pain blanc*	2
Tomate	0,8	Riz blanc	3
Maïs*	1,9	Corn flakes	1,6
Pomme de terre	2		
Haricot vert*	3		
FRUITS		LÉGUMINEUSES	
Poire	3	Haricot*	5,5
Prune	2,2	Flageolet	6,3
Pêche	1,6	Petits pois	3,7
Pomme	2	Lentille	11,6
Pamplemousse	1,2		
Orange	1,4		
Banane	1,9		

(D'après Anderson et Bridges, 1988 ; Lairon, 1990.)

Leur rôle dans notre corps

Le fonctionnement harmonieux de l'organisme nécessite la présence en petites quantités dans nos cellules et dans notre nourriture de plusieurs éléments : les micro-nutriments. On les divise en deux groupes, vitamines d'une part, minéraux de l'autre ; chacun joue un rôle primordial.

Sources et propriétés des vitamines

VITAMINES LIPOSOLUBLES	PRINCIPALES SOURCES ALIMENTAIRES	PRINCIPALES PROPRIÉTÉS
A (Rétinol)	— Lait, beurre, fromages — Margarine enrichie, huile de foie de poisson — Jaune d'œuf, foie — Poissons gras, viandes La provitamine A est présente dans de nombreux légumes ; elle se transforme en vitamine A dans l'organisme	— Qualité de la peau, de la bouche, des muqueuses — Acuité de la vision (rétine) — Défenses immunitaires antimicrobiennes — Reproduction — Métabolisme des os
D (Cholécalciférol)	— Poissons, volailles, foie — Œufs, beurre, laitages — Huile de foie de poisson	— Métabolisme du calcium et du phosphore — Croissance des os — Vitamine antirachitique — Contraction musculaire
E (Tocophérol)	— La plupart des aliments, en particulier les huiles, les céréales complètes, le germe de blé, le beurre, la margarine	— Vitamine anti-oxydation — Protège l'organisme contre les toxiques — Rôle protecteur (encore hypothétique) vis-à-vis de la cataracte, du vieillissement du cancer, de l'athérosclérose et de la maladie de Parkinson
K	— Poissons, foie, œufs — La plupart des légumes verts (choux, épinards, salade verte) — Céréales	— Coagulation du sang (vitamine anti-hémorragie) — Calcification des os et des dents

VITAMINES HYDROSOLUBLES	PRINCIPALES SOURCES ALIMENTAIRES	PRINCIPALES PROPRIÉTÉS
B1 (Thiamine)	— Céréales complètes (riz ou pain complet, flocons d'avoine) — Viandes de porc, abats (foie, rognons), jaune d'œuf — Légumes secs (haricots, pois, lentilles) — Fruits secs (noisettes, noix, amandes) — Asperges, choux	— Métabolisme de glucides — Fonctionnement des cellules nerveuses — Fonctionnement du cœur
B2 (Riboflavine)	— Lait, fromages, œufs — Abats (foie, rognons), viandes — Légumes (épinards, brocolis) — Levure	— Production d'énergie dans les cellules, en intervenant sur le métabolisme des protéines, des lipides et des glucides
B3 (Niacine)	— Lapin, foie, porc, volailles — Thon — Fruits secs — Légumes secs — Céréales complètes, levure	— Synthèse et dégradation des protéines, des glucides et des graisses dans les cellules
B5 (Acide pantothénique)	— Viandes, abats, œufs — Avocats, champignons — Cacahuètes	— Production d'énergie à partir des lipides et des glucides — Synthèse des acides gras
B6	— Viandes, abats, poulet — Poissons : thon, hareng — Légumes : choux, pommes de terre, maïs	— Métabolisme des protéines nécessaires à la construction des tissus

VITAMINES HYDROSOLUBLES	PRINCIPALES SOURCES ALIMENTAIRES	PRINCIPALES PROPRIÉTÉS
B8 (Biotine)	— Abats, jaune d'œuf, laitages — Légumes secs, fruits secs — Flocons d'avoine et de blé	— Production d'énergie — Synthèse de glucose et des acides gras
B9 (Acide folique)	— Viandes, abats (foie), œufs — La plupart des végétaux verts — Céréales complètes — Tomates, bananes	— Métabolisme de l'ADN et des protéines — Globules rouges (sang)
B12 (Cobolamine)	— Viandes, abats — Œufs, poissons, laitages (Absente dans les végétaux)	— Métabolisme de l'ADN et des protéines — Globules rouges (sang) — Fonctionnement des cellules nerveuses
C (Acide ascorbique)	— Tous les fruits, en particulier la fraise, les agrumes, le cassis, le kiwi — Légumes : choux, pommes de terre, épinards, cresson...	— Absorption du fer — Synthèse des hormones — Cartilage, os, dents, peau — Métabolisme des glucides — Effets anti-oxydant et antitoxique — Effet anti-infectieux

Sources et propriétés de six minéraux importants

MINÉRAL	PRINCIPALES SOURCES ALIMENTAIRES	PRINCIPALES PROPRIÉTÉS
Calcium	— Lait, fromages (notamment à pâte dure, tel l'emmenthal), yaourts, fromages blancs — Œufs — Eaux du robinet et eaux de source (notamment Vittel Hépar et Contrexéville) — Légumes secs (lentilles, haricots) — Légumes verts (épinards, choux, cresson)	— Formation des os et des dents — Coagulation du sang — Fonctionnement des cellules nerveuses — Régulation du rythme cardiaque
Phosphore	— Lait, fromages (surtout à pâte dure) — Œufs — Viandes et poissons — Féculents, légumes secs — Fruits secs	— Formation des os et des dents — Cellules nerveuses — Production d'énergie dans les cellules
Potassium	— Légumes secs — Viandes, poissons — Légumes, fruits, fruits secs	— Contraction des muscles et du cœur — Cellules nerveuses — Équilibre entre l'intérieur et l'extérieur de la cellule
Sodium	— Sel de table — Charcuterie, aliments fumés — Fromages, pain — Biscuits et snacks d'apéritifs — Conserves, potages en sachet — Repas précuisinés industriels	— Équilibre entre l'intérieur et l'extérieur de la cellule
Magnésium	— Légumes secs, céréales complètes, pain complet — Fruits secs, chocolat — Épinards, bananes	— Contraction des muscles et du cœur — Cellules nerveuses
Fer	— Abats (foie, rognon, cœur) — Viandes, œufs, poissons — Légumes secs — Fruits secs — Légumes à feuilles vertes (épinards)	— Globules rouges (sang) — Métabolisme énergétique

Nos besoins

Le tableau ci-dessous récapitule les besoins journaliers en chaque vitamine. Les chiffres constituent des moyennes : vous pouvez, par exemple, manger peu d'aliments riches en vitamine A pendant trois jours, si les jours précédents ou suivants vous les consommez en quantités appréciables.

Apports vitaminiques conseillés et seuils de toxicité chez l'adulte

VITAMINES	APPORTS JOURNALIERS RECOMMANDÉS	TOXICITÉ SUSCEPTIBLE DE SURVENIR LORSQUE LES APPORTS MULTIPLIENT LES DOSES RECOMMANDÉES PAR :
à risque élevé de toxicité		
vitamine : A	1 000 ER	20
D	400 UI	20
à risque moyen de toxicité		
vitamines : B3	19 mg	50
B6	2 mg	100
à risque bas de toxicité		
vitamines : E	10 UI	100
C	60 mg	50-100
B1	1,5 mg	100
B2	1,8 mg	100
à risque insignifiant de toxicité		
vitamine : K	65 microgrammes	500
B5	7 milligrammes	100-500
B8	100 microgrammes	500
B9	200 microgrammes	1 000
B12	2 microgrammes	1 000

ER = Équivalent Rétinol = 3,3 UI = 1 microgramme Rétinol
UI = Unités internationales
mg = milligrammes - 1 mg = 1 000 microgrammes

Ces besoins varient en fonction de l'âge et du mode de vie.

Pour assurer leur croissance, les *jeunes enfants* ont des besoins accrus en vitamine D, d'où un plus grand risque de carence ; pour l'éviter, le médecin leur prescrit souvent une supplémentation sous forme de médicament.

Chez la *jeune femme*, la contraception orale élève les besoins en vitamines B6 et B9 (folates), et la grossesse en vitamine B9 et en fer.

Les *végétariens* risquent une carence en vitamine B12 car on ne la trouve que dans les aliments d'origine animale.

Après soixante-dix ans, ce sont surtout la vitamine D et les folates qu'il faut surveiller.

Où les trouver

Pour chaque vitamine, pour chaque sel minéral ou oligo-élément, on dénombre certains aliments qui constituent des modes d'apport privilégié (voir pages précédentes). Par ailleurs, les comprimés de polyvitamines ainsi que certaines boissons très enrichies (les *smart drinks*) contiennent un cocktail de vitamines.

Comment les choisir

En variant légumes et fruits, légumes secs et céréales, laitages, viandes et poissons, on couvre ses besoins.

Lorsqu'on suit un régime amaigrissant, on mange habituellement moins qu'auparavant, d'où une réduction des apports qui touche notamment le calcium et le fer, ainsi que l'ensemble des vitamines. Pour éviter les carences, *vous privilégierez les aliments riches en vitamines et en minéraux* ; les recettes et les conseils de cuisine que nous vous proposerons dans les chapitres suivants vous aideront dans cette voie. Ils vous permettront également d'optimiser la valeur en vitamines et en minéraux de votre nourriture.

Comment sauvegarder les vitamines et les minéraux de vos aliments

- Consommer les aliments dans les 48 heures qui suivent leur achat.

- Protéger les aliments de la chaleur, de la lumière, de l'humidité et de l'air (placer les légumes dans une cave ou dans le bac à légumes du réfrigérateur).

- Ne pas laisser tremper les aliments, mais les laver rapidement à l'eau courante.

- Limiter l'eau et le temps de cuisson.

- Ne pas restocker les aliments après préparation culinaire.

- Consommer si possible la peau des aliments, des fruits et des légumes.

Si vous consommez trop peu d'aliments naturellement riches en vitamines ou en minéraux, vous pouvez vous tourner sans crainte vers les aliments enrichis (céréales, biscuits, laitages, etc.) : la législation n'autorise que des enrichissements raisonnables et non dangereux. En revanche, soyez prudent avec les comprimés de polyvitamines ou les boissons hypervitaminées telles que les *smart drinks* : un apport trop important en vitamines est dangereux pour l'organisme.

Le tableau p. 32 permet d'analyser les produits qui vous sont proposés. Dans ce tableau, la colonne de droite donne les limites à ne pas dépasser : par exemple, pour la vitamine A, les experts recommandent un apport de 1 000 ER (équivalent Rétinol) par jour ; si on en consomme deux ou trois fois plus, il n'y a pas de risque d'hypervitaminose ; en revanche, le risque existe à partir d'une prise quotidienne s'élevant à dix fois la dose recommandée (pour la vitamine B12, le risque serait présent à partir de mille fois l'apport recommandé).

L'EAU ET LES BOISSONS

Le rôle de l'eau dans notre corps

L'eau est quantitativement le principal constituant de notre corps : elle est indispensable à la chimie de notre organisme ; elles assure le transport des nutriments et des déchets ; elle permet la stabilisation de la température corporelle aux alentours de 37°C ; elle lubrifie les articulations. Mais si notre corps est constitué pour 60 % d'eau, sa répartition n'est pas homogène : en très faible quantité dans le tissu adipeux, l'eau représente par contre près des trois quarts du poids des muscles ou des organes. Deux tiers de l'eau contenue dans tout le corps se trouve à l'intérieur même des cellules de l'organisme. Le tiers restant comprend le plasma du sang, la lymphe, la salive et autres sécrétions corporelles.

Nos besoins

Maintenir constante la concentration en eau de l'organisme est indispensable pour être en forme et en bonne santé. Nous perdons un peu d'eau dans la transpiration et dans les selles ; ces pertes peuvent augmenter considérablement lors des périodes de grande chaleur, en cas d'activité physique intense ou de diarrhée. Hors de ces circonstances extrêmes, ce sont les reins qui assurent l'évacuation de la plus grande part de l'eau corporelle, via les urines.

Nous devrions boire au moins un litre à un litre et demi afin d'assurer un renouvellement et un équilibre corrects de l'eau dans notre corps. Lorsqu'on boit plus, on évacue le surplus par les urines. Si on boit moins, le rein excrète moins d'urines, celles-ci devenant plus foncées car plus concentrées en déchets ; ces derniers seront alors plus difficiles à évacuer par le rein ; ils risquent donc de s'accumuler dans l'organisme.

Où trouver l'eau et quelles boissons choisir

Les aliments nous apportent environ un litre d'eau chaque jour. Les fruits et les légumes, le lait, les yaourts ou les fromages blancs en sont particulièrement riches. En revanche, le chocolat, le beurre, les biscuits ou les aliments séchés en contiennent peu et les huiles n'en renferment pas du tout. Mais l'eau des aliments ne suffit pas, nous avons besoin de boire quotidiennement à hauteur d'un litre et demi à deux litres.

La première des boissons devrait être *l'eau* elle-même, eau du robinet ou eau minérale. Chaque eau est caractérisée par sa teneur en sels minéraux et en oligo-éléments, mais dans la majorité des cas le choix d'une eau plutôt qu'une autre n'a guère d'incidence sur l'équilibre nutritionnel.

Contrairement à une idée reçue, on peut fort bien boire en mangeant : la digestion n'en sera pas pour autant gênée. Mais pour atteindre un litre et demi, il convient également de boire entre les repas : sachez apprécier les pauses café ou thé ainsi qu'un grand verre d'eau le matin à jeun, puis au milieu de la matinée et de l'après-midi.

Au cours des régimes amaigrissants, le corps augmente sa production de déchets ; il faut alors plus spécialement s'attacher à boire de grandes quantités d'eau afin d'évacuer ces déchets. De plus, lorsqu'on boit, on se remplit l'estomac, d'où un effet coupe-faim qui peut faciliter le suivi d'un régime et accélérer la perte de poids. C'est ainsi qu'il convient de *réhabiliter la soupe* : outre sa richesse en vitamines et sels minéraux, c'est un excellent coupe-faim naturel.

La caféine tend à augmenter légèrement le pouls et la tension artérielle, ce qui explique que *l'on déconseille de fortes consommations de café aux personnes hypertendues ou ayant des problèmes cardiaques* ; celles-ci peuvent malgré tout prendre un ou deux cafés par jour, ou se rabattre sur le décaféiné. Le café n'est pas cancérigène, mais il peut favoriser la survenue d'un ulcère de l'estomac : attention donc si vous avez l'estomac fragile. Par ailleurs, l'effet psychostimulant est très variable d'un individu à l'autre : s'il ne vous empêche pas de dormir, vous pouvez fort bien en consommer après le dîner. Enfin, le café stimule la combustion des graisses corporelles, mais cet effet reste modeste, et ce n'est pas à coup de « petits noirs » que l'on peut espérer maigrir.

Comme le café, le *thé pur est déconseillé si vous êtes sujet à l'ulcère* ; ajoutez-lui alors un nuage de lait, cela le rendra quasi inoffensif pour l'estomac. De plus, des travaux de recherche récents suggèrent que *le thé protégerait les cellules de l'organisme contre les effets toxiques de l'oxydation*, du fait de sa teneur en flavonoïdes, éléments que l'on retrouve également dans le vin, les fruits et les légumes. La consommation de thé pourrait donc avoir un effet bénéfique sur le vieillissement, le cancer ou les maladies cardio-vasculaires. Cependant, cette notion demande à être confirmée par des travaux de recherche complémentaires.

Si vous souhaitez maigrir et si vous avez tendance à manger au milieu de l'après-midi, pourquoi ne pas vous mettre à la « cérémonie du thé » ? Préparez-vous une théière dans les règles de l'art et dégustez quelques tasses : son parfum vous fera peut-être oublier les saveurs de vos grignotages habituels ; et par son volume dans l'estomac, le thé aura aussi un effet coupe-faim. Si le thé vous empêche de dormir, n'oubliez pas que, paradoxalement, plus il est infusé, moins le thé excite. La théine, qui tient en éveil comme le fait la caféine, passe en effet dans l'eau dès les premières minutes de l'infusion ; en revanche, après quelques minutes, les tanins auront également le temps de diffuser ; or ils gênent l'action de la théine dans l'organisme, d'où une action excitante moindre pour le thé ayant longuement infusé.

L'alcool n'est pas nécessaire à l'équilibre nutritionnel ; notre organisme s'en passe parfaitement bien. Consommé en excès, il est source de nombreux problèmes médicaux (cirrhose du foie, troubles nerveux et psychiatriques, cancers, dénutrition, etc.), professionnels ou sociaux (accidents de circulation ou du travail). Ces risques apparaissent surtout lorsque la consommation quotidienne dépasse trente-cinq grammes par jour, soit environ un tiers de litre de vin. Pour calculer la quantité d'alcool de vos boissons, il faut disposer du degré de la boisson et du volume de votre verre.

$$\text{quantité d'alcool en grammes} = \frac{\text{degré d'alcool} \times 0{,}8 \times \text{volume en centilitres}}{10}$$

10 *grammes d'alcool sont apportés par*

- 2 verres et demi de 10 cl de cidre à 5°.
- 1 demi (25 cl) de bière à 5°.
- 1 verre de 10 cl de vin rouge ou blanc à 12°.
- 1 flûte de champagne.
- 1 verre de 2,5 cl de whisky.
- 1 verre de 2,5 cl d'eau de vie.

(D'après Schlienger, 1991.)

L'importance du contenu calorique de l'alcool (sept calories par gramme d'alcool) contraste avec ses effets relativement limités sur la corpulence. Tout se passe comme si les calories apportées par l'alcool ne pouvaient être utilisées ni pour le travail des muscles ni pour le stockage des graisses : la molécule d'alcool serait brûlée par ce que les physiologistes nomment des « cycles futiles », c'est-à-dire des réactions métaboliques utilisant des calories sans en garder d'autre bénéfice en termes de stockage énergétique pour la cellule. Cependant, lorsqu'on boit de l'alcool, on réduit la quantité de graisses brûlées dans l'organisme : un excès d'alcool peut donc favoriser le stockage de tissu adipeux et la prise de poids, en particulier lorsque la nourriture est grasse.

Lorsqu'on sait les « apprécier avec modération », on peut fort bien trouver puis garder la ligne tout en consommant des boissons alcoolisées. *On s'attachera à ne pas dépasser quotidiennement deux verres de dix centilitres de vin ou bien un petit verre de cinq centilitres d'apéritif* (whisky, pastis, gin) *ou de digestif* (cognac, eau de vie, armagnac) *non sucrés.*

Si l'on souhaite maigrir, il convient d'éviter les alcools contenant du sucre, tels la bière, les vins cuits (Porto, Brandy), ainsi que les cocktails associant un alcool à une boisson sucrée. Par ailleurs, l'alcool « appelle » la consommation d'aliments tels que le fromage pour le vin ou les biscuits d'apéritifs pour le whisky de la même manière que certains associent la prise d'un café à celle d'une cigarette ; le *self-control* est donc indispensable. Sinon, mieux vaut s'abstenir.

Depuis vingt ans, la consommation de vin a diminué de moitié en France. Dans le même temps, celle des jus de fruits et des sodas a grimpé allégrement. Du point de vue de la santé, cette évolution est à la fois positive et négative. Elle traduit en partie la diminution des gros consommateurs d'alcool, encore trop nombreux dans notre pays, qui en sont victimes et le payent cher. Toutefois, elle reflète également une réduction des consommateurs modérés, ceux qui savent apprécier et ne pas dépasser un à trois verres de vin par jour. Or, à ces doses, la consommation de vin est bénéfique pour le cœur. En effet, le vin élève dans le sang le cholestérol HDL (le bon cholestérol, celui qui protège contre la crise cardiaque) ; cette élévation se produit avec toutes les boissons alcoolisées. Mais par sa richesse en tanins et en polyphénols, le vin, en particulier le vin rouge, semble avoir en plus des propriétés spécifiques qui comptent dans la coagulation du sang ou la lutte contre les résidus toxiques crées dans notre corps par l'oxydation. On tient probablement là une explication au fait que les maladies de cœur sont moins fréquentes en France que dans le reste de l'Europe, et à l'échelon hexagonal, dans le Sud-Ouest que dans le Nord. Pour beaucoup d'entre nous, la consommation quotidienne de deux verres de vin apparaît donc bénéfique. Encore faut-il que cette consommation reste mesurée et qu'elle n'ait pas lieu juste avant de prendre le volant ! Et que ceux qui n'apprécient pas le vin ne se forcent pas : en faisant une large place aux fruits et aux légumes, ils bénéficieront de substances anti-oxydantes qui elles aussi protègent le cœur et les artères.

Qu'ils soient aromatisés au cola, à la menthe ou aux fruits, les *sodas* sucrés constituent une boisson parfaite pour prendre du poids. Ils sont *riches en calories* : un litre en apporte environ quatre cents, sous forme de saccharose, soit l'équivalent de vingt morceaux de sucre. Ce saccharose se comporte comme un sucre particulièrement rapide, car, dilué dans la boisson, il franchit rapidement l'estomac pour être absorbé par l'intestin : il entraîne donc une sécrétion excessive d'insuline, ce qui ouvre l'appétit et favorise la prise de poids. De plus, l'organisme humain n'est pas biologiquement habitué à « boire des calories » ; cet apport énergétique sous forme liquide est mal pris en compte par les mécanismes qui régulent la prise de nourriture et le poids. Si vous n'avez pas de problème de poids, la consommation de deux-trois verres de soda chaque semaine ne devrait pas porter à conséquence. Mais n'en faites votre boisson régulière si vous vous souciez de votre ligne, et ne le servez pas à table si vous êtes gastronome. Car comment apprécier un bon repas tout en buvant un cola ?

Avec les *jus de fruits*, les conséquences sur le poids sont moins gênantes, car le sucre des fruits correspond surtout à du fructose, fructose qui déclenche une sécrétion d'insuline moins élevée que celle liée au saccharose. Encore faut-il presser soi-même son fruit ou se limiter aux boissons certifiées 100 % jus de fruits. Cependant, comme les sodas, les calories issues du jus sont moins bien régulées que celles du fruit entier : *pour maigrir, il vaut mieux manger une orange que boire un jus d'orange*.

Et *les boissons édulcorées* ? Elles n'apportent aucune calorie : elles remplacent donc avec bonheur le soda sucré lorsqu'on souhaite maigrir, car elles évitent une charge calorique mal prise en compte. Mais *elles stimulent légèrement la sécrétion d'insuline et maintiennent l'accoutumance au sucre* : on a donc intérêt à les réserver pour les moments de fête (cocktails, apéritifs, etc.) et à leur préférer aux autres moments l'eau, le thé, les tisanes ou les jus de légumes.

LE GOÛT SUCRÉ

Son rôle dans notre corps

Le goût sucré n'est pas à proprement parler un nutriment, mais il joue un rôle primordial dans notre environnement et dans notre imaginaire alimentaire : celui du plaisir. Dès sa vie dans l'utérus maternel, le fœtus apprécie les saveurs sucrées. Lorsqu'on injecte de l'eau sucrée dans le liquide amniotique dans lequel il baigne, il exprime sa satisfaction en accélérant ses mouvements de déglutition : il « boit » cette eau sucrée avec avidité. Cette attirance pour le sucré se prolonge après la naissance : le nouveau-né exprime un sourire de contentement lorsqu'on place sur ses lèvres une goutte d'eau sucrée.

Cette attirance pour le sucré a un intérêt pour le métabolisme du très jeune enfant. En pleine croissance et possédant peu de réserves, le nourrisson a un besoin aigu d'énergie. Or le goût sucré annonce la venue dans l'estomac puis dans le sang d'un glucide rapidement utilisable par l'organisme (selon les cas, glucose, galactose ou fructose). *À la satisfaction du goût correspond donc une satisfaction métabolique.*

Nos besoins

L'enfant plus âgé et l'adulte possèdent des réserves d'énergie qui rendent moins urgente l'arrivée de calories. De plus, ils peuvent consommer de nombreux aliments non sucrés et pourtant riches en énergie. Très vite donc, nous n'avons plus besoin de saveurs et d'aliments sucrés. *On peut vivre sans jamais consommer d'aliments sucrés* : l'organisme ne s'en porte pas plus mal. Peut-on pour autant vivre bien ? Pour la plupart d'entre nous la réponse est négative. L'attirance pour le sucré perdure généralement à l'âge adulte ; il est difficile de concevoir un repas de fête sans un bon dessert... sucré.

Après soixante-dix ans, le goût pour le sucré est l'un de ceux qui restent le plus intense. Pour de nombreux seniors (et pour leurs compagnes, plus nombreuses encore), les petites « gâteries » sucrées améliorent le moral et l'équilibre diététique : elles leur permettent de manger suffisamment, alors que sans cela leur consommation serait souvent réduite par le dégoût relatif que suscite souvent à cet âge les autres aliments.

Où le trouver

Les aliments qui procurent une saveur sucrée sont :
— les fruits (voir p. 315) ;
— le miel, le sucre proprement dit et les produits sucrés (voir tableau p. 314) ;
— les édulcorants.

Comment choisir les aliments sucrés

Le goût sucré des *fruits* provient de leur contenu en fructose, glucide à index glycémique bas. De ce fait, et parce qu'ils sont riches en fibres et ont une faible densité calorique, *vous pouvez consommer des fruits à tout moment, aussi bien au début ou à la fin d'un repas qu'entre les repas*. Ils calment bien la faim. De plus, ils constituent une bonne source de vitamines et de minéraux.

Pour ce qui est du *sucre et des aliments sucrés, réservez-les à la fin des repas* (fromage blanc, yaourt ou dessert), qu'ils agrémenteront agréablement. Mais évitez-les entre les repas : ils risqueraient de vous conduire à trop manger et de vous faire prendre du poids. Quant au miel, si vous appréciez ce « fruit » du travail des abeilles que la Grèce antique assimilait au nectar des dieux, n'hésitez pas à en tartiner votre pain beurré ou à en mettre une cuillère dans votre yaourt. Mais cette fois encore, *évitez le miel entre les repas*. Enfin, vous réglerez la querelle entre partisans du sucre blanc et inconditionnels du sucre roux par votre attirance pour l'un ou l'autre : au plan nutritionnel, ils se valent.

Si vous souhaitez maigrir ou si vous avez du mal à rester mince, une première mesure s'impose : *évitez de goûter les plaisirs sucrés en buvant des sodas ou autres jus de fruits*. Certains se tourneront vers les édulcorants. Encore faut-il savoir les manier, pour qu'ils servent votre objectif.

Les *édulcorants* visent à procurer une saveur sucrée sans apporter toutes les calories contenues dans le classique sucre de table. Les aliments qui les emploient à la place du sucre présentent sur leur emballage la mention *light* (qui signifie léger en anglais). Les édulcorants peuvent également être vendus sous forme de poudre ou de comprimés, que chacun peut ajouter à ses boissons ou à ses desserts.

Il existe plusieurs sortes d'édulcorants. Le sorbitol, le xylitol ou le mannitol servent surtout pour alléger les bonbons. (Sur les emballages, ils figurent sous l'appellation globale de polyols.) Ils apportent environ 2,4 calories par gramme, soit une teneur qui, pour être plus basse que celle du sucre (4 calories environ), n'en est pas pour autant négligeable. *La consommation régulière de bonbons, de pastilles, ou de chewing-gum sucrés aux polyols favorisera donc la prise de poids*, même si c'est à un rythme plus lent que celle occasionnée par les classiques bonbons au sucre. Par ailleurs, ils ont l'intérêt de ne pas être cariogènes, mais, consommés en quantité importante, *ils peuvent entraîner une diarrhée*.

La saccharine et l'aspartame sont deux édulcorants dits « intenses » car ils procurent une sensation sucrée très prononcée. De ce fait, une infime quantité suffit pour sucrer et leur apport calorique est négligeable.

Contrairement à ce que certains avaient craint il y a quelques années, *les édulcorants ne sont pas toxiques*. Sont-ils pour autant utiles pour la ligne ? Tout dépend de l'emploi que vous en faites.

Le seul fait de remplacer le saccharose par un édulcorant intense ne changera pas votre ligne : spontanément, vous mangerez les jours suivants les calories qui ont manqué dans le produit édulcoré, et au total votre poids ne bougera pas. De plus, consommés sans discernement et sans retenue, les édulcorants risquent d'entraîner un effet pervers : on s'habitue de plus en plus au goût sucré, ce qui pousse à manger plus de desserts, de barres chocolatées ou de laitages édulcorés. Or, même lorsqu'ils ne contiennent pas de sucre, ces produits sont habituellement riches en graisses et en calories : par exemple le chocolat *light* est souvent plus gras que le chocolat classique. *Cette consommation conduit donc à un excès de calories et à une prise de poids*. Par ailleurs, même si c'est de façon moins marquée que pour les aliments sucrés au saccharose, la saveur sucrée liée aux édulcorants internes déclenche une sécrétion d'insuline par le pancréas. Or l'insuline stimule la faim ; en élevant sa production, les édulcorants peuvent conduire à manger trop.

Et pourtant, les édulcorants peuvent vous être utiles. Si vous cherchez à calmer vos angoisses en grignotant une nourriture sucrée, le fait de choisir des aliments édulcorés permettra de limiter les dégâts (le plus efficace serait quand même de mieux comprendre d'où viennent vos angoisses pour essayer de les maîtriser). Par ailleurs, si vous appréciez les desserts sucrés, la consommation raisonnable d'édulcorants rendra votre régime plus savoureux, et donc mieux suivi et plus efficace. Ce bénéfice escompté s'applique tout particulièrement aux individus très férus de saveur sucrée, à qui je recommanderais cependant de ne pas dépasser quotidiennement deux desserts et une boisson édulcorée. Encore faut-il que l'aliment édulcoré vous procure (presque) autant de plaisir que l'aliment sucré : si vous appréciez modérément votre yaourt édulcoré ou votre morceau de chocolat *light*, préférez alors en consommer moins, mais avec du « vrai » sucre. Mais quoi qu'il en soit, *apprenez à apprécier la saveur de certains aliments ou boissons sans sucre* : l'arôme du café, le goût du thé de Ceylan ou de Chine ne nécessitent pas l'adjonction du sucre ; il en va de même pour une coupe de fraises ou de framboises. *Sachez apprécier votre fruit à la croque, au couteau ou coupé dans votre yaourt* (qu'il « sucrera » alors avec bonheur). Et si vous n'êtes pas trop pressé pour maigrir, ou si vous êtes arrivé à la phase de stabilisation, vous pouvez fort bien vous autoriser *des desserts sucrés à la fin des repas* (mais continuez à les éviter entre les repas).

La pyramide gastronomique

Vous connaissez désormais ce que contiennent les aliments et comment leurs différents composants interviennent dans votre corps. Passons maintenant aux travaux pratiques : comment choisir votre nourriture et comment confectionner votre assiette ?

DES PÉTALES DE FLEUR À LA PYRAMIDE

Relayés par les médias, les médecins ou les diététiciens conseillent généralement de manger « varié » ou « équilibré ». Cette formulation trop vague laisse perplexe le consommateur, le mangeur qui cherche à comprendre : que signifie « équilibré » ? Comment et jusqu'où varier son alimentation ?

Pour mieux visualiser ces concepts, on a longtemps utilisé la métaphore de la fleur. On compare la nourriture de la journée à une fleur à six pétales. À chaque pétale correspondrait une grande famille d'aliments :

— viande, poisson, charcuterie, œufs : famille d'aliments d'origine animale riches en protéines ;

— lait, fromages, fromage blanc, yaourts, desserts lactés : l'ensemble des laitages, riches en calcium ;

— céréales (pâtes, riz, pain, maïs, céréales du petit déjeuner), légumes secs (lentilles, pois, haricots) et pommes de terre : les féculents, riches en glucides ;

— légumes verts et fruits, sources de fibres, de vitamines, de sels minéraux et d'oligo-éléments ;

— huiles, beurre, crème, sauces, margarines, saindoux : les matières grasses, riches en lipides ;

— sucres, aliments et boissons sucrées.

Pour avoir une alimentation équilibrée et variée, il faudrait consommer chaque jour des aliments appartenant à chacun des pétales. Mais des quantités et des proportions de chacun, ce modèle ne parle pas : chaque pétale semble avoir la même importance.

Or les recherches récentes en nutrition mettent en évidence l'importance d'une bonne répartition des aliments pour optimiser les effets de la nourriture sur la santé. C'est ce qui ressort notamment des éditions successives du Congrès international de nutrition ; celui-ci permet aux scientifiques du monde entier, représentants de nombreuses disciplines (biologie, médecine, économie, anthropologie), de confronter tous les quatre ans leurs travaux sur l'art de se nourrir. Dernier en date, celui qui s'est déroulé en septembre 1993 à Adélaïde (Australie) a été l'occasion de proposer un nouveau modèle alimentaire mieux adapté à nos besoins : la pyramide.

LA PYRAMIDE, UN CONCEPT CLAIR POUR DES IDÉES FORTES

Chaque étage de la pyramide représente l'une des familles d'aliments (voir p. 51) ; la longueur de chaque étage reflète la proportion que devrait prendre dans nos assiettes quotidiennes la famille correspondante. La pyramide est un moyen simple de savoir ce que l'on doit manger pour rester mince et en bonne santé.

La première famille, celle qui devrait constituer la plus grande part dans nos assiettes, correspond *aux céréales, aux légumes secs et aux pommes de terre*. Elle apporte dans des quantités importantes un glucide particulier, l'amidon ; celui-ci procure une énergie efficace pour les muscles et le cerveau, calme bien l'appétit et se convertit peu en graisse corporelle (les risques de grossir sont donc réduits). De plus, les céréales et les légumes secs fournissent une quantité appréciable de protéines, ce qui vous permettra de vous contenter d'un petit morceau de viande (ou de poisson) sans risque de carence ; cette propriété n'est pas partagée par les pommes de terre (dont la consommation nécessite donc un morceau de viande ou de poisson relativement plus gros). En revanche, les pommes de terre ont l'avantage d'être riches en vitamine C. Ces aliments riches en amidon, et notamment les légumes secs ainsi que les formes complètes (peu raffinées) des céréales, contiennent également des fibres, du magnésium ainsi que des vitamines du groupe B.

Deuxième famille de base, *les légumes* apportent des fibres (qui régulent le transit intestinal et calment bien la faim) ainsi que des sels minéraux, vitamines et oligo-éléments (qui participent au maintien de la forme et à la prévention des maladies). Les légumes de couleur jaune orangé, notamment les carottes ainsi que le potiron, sont particulièrement riches en bêta-carotène qui se transforme en vitamine A dans notre organisme. Quant aux légumes à feuilles foncées et aux choux, ce sont des sources privilégiées de folates ou vitamine B9. Chacune de ces vitamines ayant des vertus complémentaires, il est conseillé de varier les légumes. Enfin, l'apport en calories des légumes est négligeable, vous pouvez donc en consommer autant que vous le souhaitez, même si vous êtes soucieux de votre ligne.

Sur ces fondements, on appréciera également les autres familles, tout en en consommant des quantités moindres que les deux premières.

Les *fruits* possèdent les mêmes caractéristiques que les légumes, à une différence près : ils contiennent du fructose, un sucre riche en énergie. Ils constituent donc une excellente base pour des desserts ou des en-cas, mais leur teneur énergétique fait qu'il ne faut pas en abuser (deux ou trois fruits par jour) si vous cherchez à maigrir. Les jus de fruits perdent leur contenu en fibres et les fruits secs en vitamine C. Vous vous tournerez donc plus souvent vers les fruits frais, et au besoin vers les fruits en conserve ou surgelés : ceux-ci ont une teneur en vitamines, en fibres et en minéraux aussi intéressante que les fruits frais. Vous pouvez donc les consommer sans arrière-pensée. Pensez quand même à opter pour les produits dépourvus de ou pauvres en sucre ajouté si vous avez du mal à garder la ligne. Enfin, sachez que la peau des fruits constitue une source appréciable de fibres et de vitamines.

Les *laitages* sont la source privilégiée du calcium, indispensable à la croissance des os et à leur entretien, et ce de l'enfance au grand âge. Ils fournissent également une part appréciable de protéines de bonne qualité : un repas riche en laitages peut remplacer le plat de viande. Deux laitages par jour constituent une bonne moyenne ; on peut en consommer pendant ou entre les repas. Si vous êtes une femme et si vous êtes enceinte ou donnez le sein, consommez-en une ou deux portions supplémentaires : par exemple, un yaourt à 10 heures et un lait chocolaté au goûter. Si votre ligne vous crée des soucis, vous limiterez les laitages gras (fromages, fromage blanc à 40 % de matière grasse (MG), lait entier) à une portion par jour. Vous vous tournerez alors vers les laitages partiellement ou totalement écrémés. Contrairement à une idée reçue, ceux-ci ne sont pas appauvris en calcium. Vous pouvez donc en consommer sans craindre de vous décalcifier.

Certaines personnes n'apprécient pas les laitages, soit pour une raison allergique, soit tout simplement par goût. Si vous souffrez d'allergie aux laitages, tournez-vous vers les autres aliments riches en calcium (voir p. 31) et prenez conseil auprès de votre médecin ou d'une diététicienne. Si c'est uniquement une affaire de goût, essayez d'ajouter du lait ou du lait en poudre à vos potages ou autres recettes, et n'oubliez pas les desserts à base de lait, tel que le gâteau de riz.

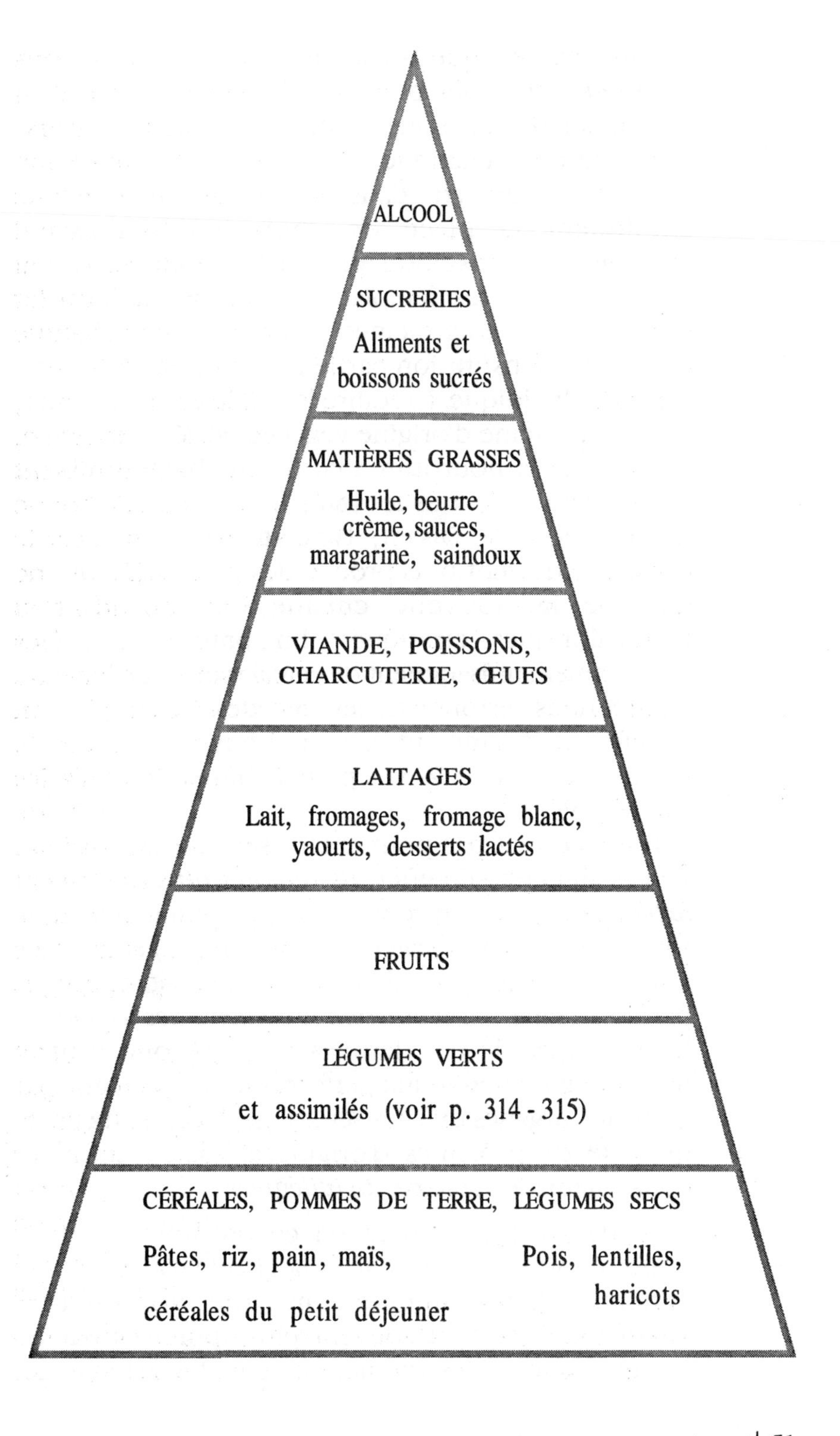
ALCOOL
SUCRERIES
Aliments et boissons sucrés
MATIÈRES GRASSES
Huile, beurre crème, sauces, margarine, saindoux
VIANDE, POISSONS, CHARCUTERIE, ŒUFS
LAITAGES
Lait, fromages, fromage blanc, yaourts, desserts lactés
FRUITS
LÉGUMES VERTS
et assimilés (voir p. 314 - 315)
CÉRÉALES, POMMES DE TERRE, LÉGUMES SECS
Pâtes, riz, pain, maïs, céréales du petit déjeuner
Pois, lentilles, haricots

Lorsqu'on évoque la famille des *œufs et des chairs d'animaux (viandes, poissons, charcuteries)*, on pense surtout à leur richesse en protéines de bonne qualité. Cette notion diététique, ainsi que la saveur de ces produits et leur statut dans notre imaginaire collectif, expliquent la place de choix qu'ils tiennent actuellement dans notre assiette. Et pourtant, il serait souhaitable de les remplacer en partie par d'autres aliments riches en protéines, les céréales et les légumes secs. Cette substitution partielle conduit à augmenter l'apport glucidique, à réduire les graisses et à élever le rapport protéine d'origine végétale/protéine d'origine animale de la nourriture : ce rééquilibrage optimise l'alimentation de tous les jours en termes de santé et de minceur. Ce faisant, l'assiette idéale d'après la pyramide devient plus proche des plats traditionnels que de la nouvelle cuisine ou des régimes hypocaloriques classiques. En pratique, si vous consommez suffisamment de céréales et/ou de légumes secs (et nous verrons avec les « recettes du chef » ce que signifie « suffisamment »), vous pouvez sans crainte réduire de 30 à 50 % vos parts habituelles de viande ou de poisson.

Il ne faudrait pas pour autant se priver totalement de ces aliments. En effet, *ils rendent plus savoureux le plat principal* : on apprécie plus les pommes de terre vapeur avec un morceau de saumon, les flageolets avec une tranche de gigot d'agneau ou les pâtes avec du parmesan râpé ; *ils valorisent le contenu des féculents* : les protéines de ces derniers participeront d'autant mieux à l'entretien et aux performances de nos muscles et de nos organes qu'elles seront associées à une petite quantité de protéines d'origine animale ; enfin, ils constituent des *sources privilégiées* :

— de *fer* (notamment en ce qui concernent le boudin noir, les abats, le foie, la viande rouge : bœuf, agneau). Ces aliments ont une connotation « masculine » et sont souvent plus appréciés par les hommes que par les femmes ; or, paradoxalement, ces dernières bénéficieraient tout particulièrement des viandes riches en fer, car la répétition périodique des règles en élève considérablement les pertes, et donc les besoins ;

— de *zinc*, dont sont surtout riches les fruits de mer, les poissons et les viandes (viandes rouges plus que viandes blanches). Le zinc participe à la détoxication de l'organisme et probablement à la prévention de maladies, telles que les maladies cardio-vasculaires ou le cancer ;

— de *sélénium*, qui de concert avec la vitamine E possède des propriétés proches de celles du zinc (les œufs, les viandes et les poissons en sont riches) ;

— de *vitamine B12* (qui combat l'anémie dont sont menacés les végétaliens purs et durs).

Si vous cherchez à maigrir, *privilégiez les viandes peu grasses* (voir tableau p. 307). Alternez-les tantôt avec un (ou deux) œufs, tantôt avec du poisson. En ce qui concerne les poissons, nos conseils sont différents et vous surprendront peut-être : ne vous cantonnez pas aux poissons maigres (voir tableau p. 308), *mais profitez également des poissons gras* (voir tableau p. 310-311) : les graisses de poissons ont des vertus bien à elles. *Quant aux charcuteries et aux viandes grasses, sachez les apprécier avec mesure une à deux fois par semaine.*

Situés aux trois derniers étages de la pyramide, *les matières grasses, les produits sucrés et l'alcool* participent à la cohérence de notre alimentation tant au plan du goût et du plaisir qu'à celui de la diététique. Pour en tirer tous les bénéfices sans en avoir les inconvénients, il faut apprendre à *les manier avec modération*, un peu comme on améliore un plat par une touche de condiment, d'herbes ou d'épices.

Une noisette de beurre sur une tartine, un filet d'huile d'olive sur les pommes de terre ou un cuillère de crème dans la sauce permettent d'exalter les saveurs des aliments, de fournir du moelleux à nos plats, et de procurer à notre corps les graisses indispensables à son bon fonctionnement. Pour leur part, le sucre et les produits sucrés ne sont pas indispensables à l'équilibre de l'organisme, mais ils valorisent sans conteste les desserts de nos repas.

Lorsqu'on cuisine trop gras, ou lorsqu'on consomme trop d'aliments sucrés, la prise de poids est souvent au rendez-vous. Avec les conseils pratiques et les recettes des chapitres suivants, vous apprendrez à privilégier votre santé et votre ligne non pas en faisant une croix sur les matières grasses et le sucre, mais en les domestiquant au profit de vos papilles et de votre ligne.

Quant à l'alcool, ses excès sont néfastes pour le poids et surtout pour la santé. En revanche, si vous appréciez un verre de bon vin aux repas ou un apéritif de temps en temps, vous pourrez concilier aisément forme, plaisir et convivialité. Et cela ne devra pas vous faire oublier de boire un à deux litres d'eau par jour, les boissons alcoolisées devant plus être considérées comme un «condiment» liquide que comme une véritable boisson pour étancher sa soif : l'habitude de mettre deux verres à table, l'un pour le vin, l'autre pour l'eau, ne relève pas que de l'art de vivre

Associer ses aliments pour les optimiser

De la soupe au lard des gens modestes au pot-au-feu des plus fortunés, nos ancêtres appréciaient tout particulièrement les plats complets. Ces plats ne faisaient pas que flatter leurs papilles ; ils avaient aussi un réel intérêt nutritionnel. En associant ainsi au sein d'un même plat des aliments complémentaires, ils optimisaient leur nourriture bien avant que les recherches scientifiques ne mettent en évidence les avantages nutritionnels d'une telle pratique.

AVANTAGES CONCERNANT LES PROTÉINES

Les céréales (pâtes, riz, pain, maïs, semoule, etc.) et les légumes secs (lentilles, pois, haricots, fèves, etc.) forment deux classes d'aliments dont les protéines sont incomplètes ; ils ne parviennent donc pas seuls à renouveler correctement les protéines de notre corps. Mais l'association complémentaire d'une céréale et d'un légume sec (par exemple riz + lentilles, semoule + pois chiches ou maïs + haricots rouges) réalise un mélange complet qui apporte une quantité appréciable de protéines d'excellente qualité.

Autre solution : associer une céréale ou un légume sec avec une petite quantité de viande, de laitage ou de poisson, ou encore un œuf. Par exemple de l'emmenthal ou du parmesan râpé sur vos pâtes, un œuf sur le plat avec votre riz, un peu de jambon dans les lentilles : les protéines d'origine animale valorisent alors celles qui sont d'origine végétale.

Mais attention : pour bénéficier de cette complémentarité entre les protéines, vous devez consommer ces aliments *au sein d'un même repas*. Le résultat serait moins bon (en termes de plaisir à manger, mais également en termes de santé) si vous remplaciez le couscous par de la semoule au déjeuner et des pois chiches le soir, ou le hachis Parmentier par de la purée à midi et de la viande hachée le soir. Vos muscles et vos organes seraient alors moins performants que si vous aviez associé ces aliments lors du même repas.

AVANTAGES CONCERNANT LES GLUCIDES ET LES MATIÈRES GRASSES

Les aliments tels que les légumes secs, les formes complètes ou intégrales (c'est-à-dire peu raffinées) du pain, du riz ou des pâtes sont riches en fibres et ont un index glycémique (c'est-à-dire une vitesse de digestion des glucides) assez faible. Aussi, ils calment bien la faim et sont utiles lorsqu'on souhaite maigrir ou rester mince.

Vous n'avez, pour autant, *pas besoin de vous priver de baguette, de pommes de terre, de riz blanc ou de pâtes traditionnelles*. En y mettant un peu de beurre (ou d'huile), vous ralentirez la digestion des glucides ; en les consommant *avec* des légumes verts, vous aurez une bonne ration de fibres dans votre assiette. Par ces deux mécanismes, vous rendrez vos mets habituels plus savoureux, plus rassasiants et plus compatibles avec votre projet minceur. *Ne faites donc pas une croix sur ce que vous aimez, mais consommez vos pommes de terre avec une salade verte, votre riz avec des courgettes et une noix de beurre, vos pâtes avec des tomates à la provençale et un filet d'huile d'olive.* Seule votre imagination limitera la liste de ces associations savoureuses et efficaces.

Autre avantage de ces associations : la présence des fibres entraîne une certaine proportion de lipides alimentaires dans les selles. C'est autant qui ne vous fera pas grossir.

AVANTAGES CONCERNANT LES FIBRES

Les fibres favorisent la perte de poids car elles calment bien l'appétit sans apporter de calories. Pour optimiser leurs effets, il est préférable de consommer des aliments riches en fibres (fruits et légumes notamment) à chaque repas, en les associant aux autres aliments (viande, féculents, etc.) plutôt que de consommer beaucoup de légumes verts à un repas et pas du tout à un autre. Des travaux scientifiques récents de l'équipe J. Blundell semblent montrer que les fibres des légumes calment bien l'appétit, surtout dans les deux ou trois heures qui suivent un repas, alors que l'effet des fruits est moins rapide mais se prolonge dans le temps. En prenant des crudités en entrée ou des légumes avec votre plat de résistance, puis en consommant un dessert à base de fruits, vous optimiserez donc les effets des fibres sur la sensation de faim et resterez rassasiés plus longtemps.

AVANTAGES CONCERNANT LES VITAMINES

Un bel exemple d'association : l'huile et le bêta-carotène. Le bêta-carotène est une molécule que l'on trouve dans les légumes (surtout dans les carottes) ; il a les avantages de la vitamine A (rôle dans la protection contre le vieillissement, l'athérosclérose et le cancer) sans en avoir les inconvénients (risque de toxicité si l'on dépasse de trop les apports recommandés en vitamine A, voir tableau p. 32). Or l'adjonction d'huile (de beurre ou de margarine) à des légumes multiplie par deux le passage du bêta-carotène vers votre organisme : les carottes râpées à la vinaigrette sont donc, sur ce plan, plus intéressantes que les carottes à la croque.

Autre exemple : la complémentarité entre le fer et la vitamine C. Le fer contenu dans les légumes passe mal dans notre corps ; il nous est donc de peu d'utilité (même celui des célèbres épinards vantés par Popeye). Or la vitamine C améliore nettement son passage : mettre un peu de jus de citron sur ses légumes ou prendre comme dessert un fruit riche en vitamine C (voir p. 30) permet donc de bénéficier beaucoup plus du fer issu des féculents ou des légumes. Ce conseil sera particulièrement utile aux végétariens : comme ils ne consomment pas de viande, ils risquent vraiment une carence en fer.

Rythme et ambiance : à ne pas négliger

Autant que ce que l'on mange, c'est la manière de manger qui influe sur la santé, la ligne et la forme. En France, nous faisons traditionnellement trois repas par jour. Faut-il s'en plaindre ?

BIEN DÉBUTER LA JOURNÉE

Le *petit déjeuner* a une grande importance pour l'équilibre alimentaire. Au petit matin, nous sommes à jeun depuis neuf à douze heures et les cellules de notre corps manquent de carburant énergétique pour pouvoir fonctionner de façon optimale ; vous aurez donc intérêt à les recharger en énergie, en particulier en glucides, indispensables au cerveau et utiles pour les muscles : peu importe si vous choisissez du pain ou des céréales, l'essentiel est de consommer l'un ou l'autre car ils constituent une bonne source de glucides. (Si vous avez des problèmes de poids, vous préférerez les flocons d'avoine ou le muesli peu sucré aux céréales soufflées comme les Corn Flakes, ainsi que le pain complet, au son ou de seigle au pain blanc.) Nos cellules ont également besoin de protéines, afin de reconstituer celles qui ont été détruites au cours de la nuit : un laitage, un œuf ou une tranche de jambon seront donc les bienvenus. Enfin, si vous savez les apprécier (ce qui n'est pas toujours le cas lorsqu'on n'en a pas l'habitude), la prise d'un fruit vous apportera vitamines et fibres.

Au petit déjeuner, nous nous satisfaisons facilement d'une certaine monotonie alimentaire d'un jour à l'autre, nous la recherchons même : nos papilles, qui aspirent à la diversité au déjeuner ou au dîner, apprécient en revanche le fait de commencer la journée sur des odeurs et des goûts qu'elles retrouvent chaque matin. Pour cette raison, mais également pour des questions pratiques, vous aurez sans doute tendance à reproduire le même petit déjeuner d'un jour à l'autre lorsque vous aurez trouvé celui qui vous convient. Cette monotonie matinale n'est pas gênante pour l'équilibre nutritionnel, vous vous rattraperez en diversité aux autres repas de la journée. L'important en fait est plus d'avoir à chaque petit déjeuner un représentant des « trois familles » (pain ou céréales ; laitages, œuf ou jambon ; fruits) que de changer de menu d'un matin à l'autre.

DÉJEUNER OU DÎNER : FAUT-IL CHOISIR ?

Le déjeuner et le dîner constituent dans notre pays les deux principaux repas de la journée. Faut-il choisir de manger plus à l'un qu'à l'autre ? On conseille souvent de privilégier le déjeuner par rapport au dîner, sous prétexte qu'après le repas du soir le corps est relativement inactif. Il est vrai que l'on brûle plus de calories par heure pendant l'après-midi qu'au cours de la nuit, parce que l'activité physique est alors généralement plus intense. Mais il ne faut pas oublier que la période de jeûne entre le dîner et le lendemain matin (huit à douze heures) est deux fois plus longue que celle qui sépare le déjeuner et le dîner, d'où des dépenses globalement plus élevées, et donc un besoin plus important en aliments. En fait, il n'y a pas lieu de vous compliquer la vie ; selon votre mode de vie, vos goûts et les circonstances, vous choisirez de manger plus au dîner ou plus au déjeuner sans que cela n'influence vraiment votre santé ou votre poids. Par contre, évitez de sauter un repas ou de manger régulièrement de façon pantagruélique (mais un «gueuleton» deux fois par mois ne gênera pas votre objectif minceur).

UN RYTHME À TROIS TEMPS

La prise de ces trois repas, dont deux, le déjeuner et le dîner, sont copieux et conviviaux, nous réussit bien : nous avons moins de maladies liées à la nourriture, en particulier de maladies cardio-vasculaires, et nous sommes en moyenne moins gros que la plupart de nos voisins européens ou que les Américains. Ces derniers sont toujours surpris lorsqu'ils séjournent en France. Comment ! Les Français passent du temps à table et savent faire bonne chère. Et pourtant, ils sont rarement gros et ont bien moins de crises cardiaques que les citoyens d'autres nations ! C'est que, si les Français mangent à table, ils ne consomment en général pas de nourriture entre les repas. Les Américains font tout le contraire. Or nos repas sont généralement construits à partir d'aliments bénéfiques pour la santé et pour la ligne, alors que les grignotages correspondent essentiellement à des aliments trop gras, trop sucrés mais pauvres en vitamines, en fibres et en minéraux. L'un des principaux risques qui guettent notre alimentation est justement la déstructuration des repas. Notre «exception culturelle» vaut aussi en matière alimentaire.

Vous prendrez donc trois repas par jour et éviterez les grignotages entre les repas. Cela vous sera d'autant plus facile qu'avec une alimentation associée, vous serez bien rassasié et supporterez mieux de ne pas manger jusqu'au repas suivant.

Cela risque cependant d'être moins facile si vos grignotages sont provoqués plus par le stress ou l'ennui que par la sensation de faim. Alors, vous tirerez sans doute profit d'une psychothérapie comportementale, qui vous apprendra à maîtriser vos pulsions alimentaires (voir *Le Guide du bien maigrir*).

Ces conseils ne doivent pas vous empêcher toute fantaisie. En ce qui concerne les horaires, n'hésitez pas à les varier selon les circonstances. Le déjeuner peut aussi bien être pris à midi qu'à 14 heures, le dîner à 19 qu'à 22 heures. *Et si vous avez une petite faim en fin de matinée ou en début de soirée, ne laissez pas votre estomac crier famine* : vous ne mettrez ni votre santé ni votre ligne en danger en prenant une collation si celle-ci est équilibrée, par exemple un fruit, un yaourt, du pain avec du fromage ou avec du chocolat, etc.

Enfin, *pensez au rythme au sein du repas lui-même* : mangez lentement, appréciez les saveurs qui vous sont proposées, partagez la convivialité de la table.

SAVOIR CUISINER POUR BIEN MANGER

Bien manger, ce n'est pas seulement équilibrer son alimentation ; c'est également réaliser une cuisine de tous les jours, à la fois simple et savoureuse. Aussi, nous avons conçu des conseils pratiques de telle façon qu'ils vous aident à réaliser des plats protégeant votre ligne et votre forme, tout en vous permettant de gagner du temps et de proposer des plats appréciés par l'ensemble de la famille.

Choisir les bons instruments

Pour la cuisine quotidienne comme pour celle des jours de fête, vous pouvez continuer à utiliser vos produits et vos ustensiles habituels. Cependant, pour cuisiner tout en préparant des plats savoureux et onctueux, nous avons pensé que certains éléments de base vous rendraient service.

LES USTENSILES DE CUISINE

Il est possible de faire de la cuisine équilibrée avec les ustensiles de cuisine habituels. Et pour cuisiner sans matière grasse, vous pouvez vous aider des casseroles ou des poêles ayant les caractéristiques suivantes :

— avec un revêtement en téflon : efficace mais doit être changé tous les deux/trois ans ; attention à ne pas racler le revêtement avec un couvert en métal, utiliser plutôt une cuillère en bois, ne pas nettoyer le revêtement avec un tampon récurent ;

— en fonte d'aluminium, avec granit injecté : à renouveler tous les cinq ans ;

— en fonte émaillée ;

— en triple fond inox 18/10 : commercialisées sous diverses marques (AMC, Baumstal, Durotherm...) vendues soit en réunion de groupes soit en magasin diététique. Avec ce type d'ustensile, il est possible de cuire n'importe quel aliment (viande, poisson, légumes, fruit) sans matière grasse et sans liquide. Leur durée de vie est longue, mais leur prix d'achat est élevé.

Le sel

De tout temps, l'homme a apprécié, et recherché, *le sel et la saveur salée*. Sur le plan de la santé, cette recherche se justifiait par le fait que le sel était relativement rare dans l'environnement alimentaire de nos ancêtres, alors même qu'il était (et bien sûr reste actuellement) indispensable à l'équilibre de l'organisme.

Le sodium, l'un des éléments de base du sel de table avec le chlore, joue en effet un rôle primordial dans la répartition de l'eau du corps.

À part dans certaines maladies cardiaques ou rénales, le régime sans sel n'est pas utile. Il faut savoir aussi que le sel ne se transforme pas en graisse dans l'organisme. Ne vous sentez donc pas tenu de manger sans sel. Mais n'exagérez pas votre consommation : le sel est un facteur causal de l'hypertension artérielle chez environ 30 % des individus hypertendus ; de plus, le sel favorise la rétention d'eau et risque de conduire à augmenter le désir de manger.

Mangez salé, mais sachez apprécier le sel avec modération, par exemple salez modérément vos plats en cours de cuisson, et ne resalez pas de façon systématique à table. Goûtez le plat servi dans votre assiette avant de prendre la salière en main, appréciez les nuances de saveurs sans rechercher systématiquement le goût salé. Faites l'expérience de manger peu salé pendant un mois : au bout de cette période, les papilles du goût ont tendance à devenir plus sensible à la saveur salée, à avoir besoin d'une moindre quantité de sel en bouche pour en retirer du plaisir.

Les herbes et les épices

Pour rehausser ou varier le goût de vos plats, n'hésitez pas à utiliser la large panoplie *d'assaisonnements, d'herbes et d'épices* que nous avons à notre disposition. Vous les consommerez frais, lyophilisés ou surgelés. Il y a quelques siècles, les expéditions maritimes ou terrestres à l'origine des découvertes de nouvelles contrées étaient souvent motivées par le désir des Européens de découvrir des épices nouvelles. À notre époque, sachons apprécier la chance d'en disposer aussi facilement. Selon vos goûts et les recettes vous utiliserez :

— les herbes aromatiques : thym, laurier, origan, romarin, sauge, cumin, etc. ;

— les fines herbes : basilic, ciboulette, estragon, cerfeuil, menthe, persil, aneth ;

— les épices : curry, paprika, safran, muscade, cannelle, piment, gingembre, clou de girofle, etc. ;

— le poivre, l'ail, les oignons, les échalotes ;

— la moutarde ;

— les cornichons ;

— le citron, le vinaigre ;

— la sauce soja, le nuoc-mâm ;

— le concentré, coulis ou concassé de tomate.

La gélatine

Elle existe sous forme de feuilles ou en poudre (sachet). Elle est aromatisée (au Porto par exemple) ou nature. On l'utilise dans les préparations salées (poulet en gelée, aspic de crabe, terrines, œufs en gelée) ou dans des plats sucrés (bavarois, mousses, fruits en gelée).

> MODE D'EMPLOI : Mettre à tremper les feuilles de gélatine dans de l'eau froide une à deux minutes. L'essorer (en la serrant dans la main) et l'incorporer à la préparation chaude dans laquelle elle va se dissoudre. Laisser refroidir plusieurs heures.

> Les plats contenant de la gélatine se consomment froids (à chaud la gélatine redevient liquide).

La maïzena et la fécule de pomme de terre

Elles possèdent un pouvoir épaississant important. Elles sont à utiliser en petite quantité (10 g pour 1/4 de litre de liquide) pour épaissir les sauces : on peut ainsi plus facilement obtenir une sauce onctueuse en se passant de matière grasse. Une cuillère à soupe bombée de maïzena correspond environ à 20 g.

UTILISATION : Toujours délayer préalablement la maïzena ou la fécule dans un peu de liquide froid (eau, lait, bouillons, alcool) avant de l'incorporer au mélange chaud. Laisser cuire quelques minutes en mélangeant bien pour obtenir l'épaississement.

La gomme guar

On la trouve en pharmacie sous forme de poudre. Elle n'apporte pas de calories. A utiliser dans la préparation de sauce : c'est un épaississant qui permet de réduire la quantité de matière grasse incorporée aux sauces tout en leur gardant une certaine onctuosité. L'utiliser en très petite quantité (1/4 de cuillère à café pour 150 ml de liquide). Elle épaissit à la chaleur (voir recettes de sauces).

L'alcool

Nombre de préparations culinaires bénéficient de l'adjonction d'alcool, vin blanc, vin rouge, Porto, Madère, Cognac, Calvados...

L'alcool s'évapore à la cuisson ; il peut donc fort bien être utilisé dans la cuisine minceur.

Le bouillon de viande
Le bouillon de légumes

Pour chacun de ces bouillons, on peut soit les réaliser « maison » (voir recettes p. 91 et p. 230, 232), soit les acheter tout préparés dans le commerce.

Manier les sauces

Les sauces constituent souvent la «touche finale» qui permet de personnaliser un plat, de varier les saveurs, et, pourquoi pas, d'agrémenter les restes de la veille. Contrairement à une idée bien ancrée, les sauces ne sont pas antinomiques avec un équilibre alimentaire bien pensé. C'est du moins ce que vous allez pouvoir tester avec les quelques recettes qui suivent : on peut manger des salades bien assaisonnées et des plats en sauce tout en conservant la ligne et la forme.

LES SAUCES FROIDES

Pour alléger les sauces destinées à la salade ou aux crudités, plusieurs solutions s'offrent à vous :

◆ Remplacer l'huile de la sauce vinaigrette classique par un jus de légumes.

◆ Remplacer l'huile (ou une partie de l'huile) d'une vinaigrette classique par des laitages :

— du fromage blanc battu à 0, 10 ou 20 % de matière grasse (ou un petit-suisse à 20 % de matière grasse) ;

— du yaourt (éventuellement un yaourt au goût bulgare pour obtenir un aspect plus velouté) ;

— moitié lait, moitié crème fraîche allégée épaisse.

Pour ce qui est de la moutarde, du vinaigre (possibilité d'utiliser des vinaigres parfumés : framboise, cidre, Xérès) et du jus de citron, dosez-les à votre choix et selon vos habitudes.

Vous pouvez également ajouter d'autres ingrédients à vos sauces :

— de la sauce soja ;
— des fines herbes : cerfeuil, persil, ciboulette, menthe, aneth ;
— oignons, échalotes, ail ;
— du concentré de tomate ou un peu de ketchup ;
— des épices (paprika, curry, poivre de Cayenne) ;
— tabasco, worcestershire sauce.

Pour obtenir une sauce plus onctueuse, on peut ajouter un jaune d'œuf battu. Dans ce cas, ne pas conserver la sauce plus de vingt-quatre heures.

◆ Diluer la sauce vinaigrette classique en mettant moins d'huile et en ajoutant de l'eau et du bouillon de légumes, voire en mettant plus de jus de citron ou de vinaigre.

Vinaigrette avec moins d'huile

Pour 4 personnes

1 cuillère à café de moutarde
1 cuillère à soupe de vinaigre
1 cuillère à soupe d'huile
1 cuillère à café rase de maïzena
6 à 8 cuillères à soupe de bouillon de légumes ou d'eau,
Sel, poivre

Dans un saladier, mélanger la moutarde, le sel, le poivre, l'huile et le vinaigre.
Dans un bol, mélanger la maïzena avec le bouillon de légumes froid (ou de l'eau froide).
Mettre ce mélange dans une casserole et faire chauffer 2 à 3 minutes pour faire épaissir.
Laisser refroidir le bouillon épaissi puis le verser avec les autres ingrédients dans le saladier. Rajouter éventuellement plus de bouillon ou d'eau si l'on trouve la sauce trop épaisse.

Ce type de sauce peut se conserver une semaine au réfrigérateur.

◆ Remplacer l'huile par un mélange onctueux mais non gras.

Vinaigrette sans huile, sans matière grasse

Pour 1/2 l de bouillon :

4 cuillères à café de moutarde à l'ancienne
8 cuillères à soupe de vinaigre
1 cuillère à café de gomme guar
Sel, poivre

Faire chauffer le bouillon de légumes dans une casserole.
Ajouter la gomme guar. Laisser cuire quelques minutes jusqu'à ce que le mélange épaississe.
Dans un saladier, mettre la moutarde, le vinaigre, le sel, le poivre puis verser dessus le bouillon épaissi. Laisser refroidir.

Pour réaliser une mayonnaise légère, à partir de la recette de base de la mayonnaise allégée (voir recette p. 224), vous pouvez réaliser diverses variantes en y ajoutant :

— du ketchup et une cuillère à café de cognac : *sauce cocktail* (se marie bien avec des crevettes) ;
— ou des câpres, des fines herbes et un jaune d'œuf dur écrasé : *sauce tartare* ;
— ou des anchois écrasés avec du paprika ;
— ou un peu de Roquefort ;
— ou de l'ail pilé et du jus de citron ;
— ou du jus d'orange et des zestes d'orange râpés : *sauce maltaise*.

Mayonnaise mousseline

Même recette que précédemment (nature), puis on incorpore délicatement à la fin un blanc d'œuf monté en neige (exemple d'utilisation : asperges, artichaut, fondue bourguignonne, poissons froids).

Sauce gribiche

Pour 4 personnes

Passer 1 œuf cuit dur à la moulinette.
Ajouter 2 cuillères à café de moutarde, 1 cuillère à soupe de vinaigre, 1 cuillère à soupe d'huile versée en filet en fouettant, puis ajouter 1 cuillère à soupe de yaourt nature battu, du sel, du poivre, du persil et des cornichons hachés.

UTILISATION : poissons ou crustacés.

Sauce à l'échalote

Pour 4 personnes

Mélanger du vinaigre de vin (ou du vinaigre de Xérès) avec 1 cuillère à soupe d'échalotes finement hachées, saler, poivrer.
UTILISATION : pour accompagner des huîtres ou coquillages crus.

Coulis de tomate

Pour 4 personnes

Dans une sauteuse anti-adhésive faire revenir un oignon émincé puis ajouter 6 à 8 tomates fraîches épluchées et épépinées (ou 300 ml de concassé de tomates), saler, poivrer.
Couvrir et laisser cuire à feu doux vingt minutes.
Laisser refroidir et mixer.
Parfumer avec de la menthe fraîche, du basilic et de l'estragon.

UTILISATION : pour accompagner des terrines de poissons ou de légumes.

VARIANTE : remplacer les tomates par du poivron.

LES SAUCES CHAUDES

Sauces aux fines herbes

Pour 4 personnes

Délayer 1 cuillère à café de maïzena (voir p. 68) dans un demi-verre de court-bouillon de poisson ou de bouillon de viande dégraissée ou de bouillon de légumes froid.
Faire épaissir dans une casserole sur le feu en remuant.
Hors du feu incorporer 200 g de fromage blanc, des fines herbes, du sel et du poivre.

UTILISATION : pour accompagner les viandes ou les poissons.

Sauce bordelaise

Pour 4 personnes

Faire réduire d'un tiers à feu doux deux échalotes hachées dans un demi verre de vin rouge. Ajouter un bouquet garni puis un verre de bouillon de viande dégraissé (voir p. 230 et 232).
Laisser cuire dix minutes à feu doux puis passer au tamis.
Lier éventuellement la sauce en incorporant une cuillère à café de maïzena (délayée préalablement dans une cuillère à soupe d'eau froide).
Au moment de servir ajouter 10 g de beurre.

UTILISATION : viandes grillées.

Sauce béarnaise

Pour 4 personnes

Faire cuire deux échalotes émincées dans 3 cuillères à soupe de vinaigre et 2 cuillères à soupe d'eau à couvert une dizaine de minutes.
Découvrir et laisser réduire 5 minutes.
Hors du feu, ajouter 1 jaune d'œuf battu et 2 cuillères à soupe de crème fraîche allégée épaisse.
Saler, poivrer.
Ajouter une branche d'estragon haché.
Réchauffer au bain-marie (la sauce finit alors de s'épaissir).

UTILISATION : pour viandes et poissons.

Sauce hollandaise

Pour 4 personnes

Dans une casserole au bain-marie fouetter 1 jaune d'œuf avec 1 cuillère à café de moutarde et 2 cuillères à soupe de jus de citron.
Laisser chauffer quelques minutes à feu doux (toujours au bain-marie) pour faire épaissir la sauce puis ajouter peu à peu en continuant de fouetter 50 ml de lait chaud.
Faire épaissir à nouveau au bain-marie. Maintenir la sauce au bain-marie jusqu'au moment de servir.

UTILISATION : pour poissons et légumes (asperges, haricots verts...).

Béchamel allégée

Pour 4 personnes

Mélanger à froid un demi-litre de lait demi-écrémé et 40 g de maïzena (voir p. 68).
Laisser cuire quelques minutes pour épaissir.
Ajouter selon vos goûts sel, poivre et noix de muscade.

Cuisiner les viandes

LES VIANDES BOUILLIES

Principe

Cuire la viande dans un liquide avec des aromates et des légumes (commencer la cuisson à froid).

Il se produit au cours de la cuisson un échange d'arômes entre la viande et les légumes.

Applications

Pot-au-feu Choisir une viande maigre (par exemple du jarret de bœuf ou de veau), la faire cuire la veille dans de l'eau aromatisée et laisser ensuite refroidir afin de pouvoir dégraisser le bouillon de cuisson (en refroidissant, les graisses vont se solidifier ; on peut alors les retirer facilement).

Le lendemain, cuire la viande dans le bouillon dégraissé avec les légumes.

S'il reste du bouillon dégraissé (non utilisé), le faire congeler dans de petits bacs à glaçons : il pourra être utilisé pour une autre préparation. On peut le conserver ainsi plusieurs jours.

On peut procéder de la même manière en faisant cuire la viande dans un mélange sucré-salé, par exemple une viande maigre (voir tableau p. 307) cuite dans du jus d'ananas et des épices avec des morceaux d'ananas ou un filet de porc maigre à l'orange.

Blanquette de veau

Choisir de l'épaule plutôt que de la poitrine. Commencer la cuisson de la viande à froid. Procéder comme dans la recette précédente. En fin de cuisson, prélever une partie du bouillon de cuisson que l'on va verser sur des jaunes d'œufs et de la crème fraîche battus pour obtenir la sauce d'accompagnement (un jaune d'œuf et 2 cuillères à soupe de crème pour 200 ml de bouillon).

LES VIANDES RÔTIES

Principe

Après avoir préchauffé le four, mettre la viande à cuire sans matière grasse. Arroser d'un demi-verre d'eau et tourner la viande en milieu de cuisson.

Durée de la cuisson : quinze minutes par livre pour les viandes rouges, trente minutes par livre pour les viandes blanches.

> On peut mettre sur la viande quelques herbes de Provence pour donner un peu de goût. Saler en fin de cuisson.

> On peut également disposer la viande sur une fine couche de légumes émincés (oignons, poivrons, champignons, poireaux, etc.) pour éviter que la viande n'attache. Ajouter également un peu de liquide : jus de citron, vin blanc, bouillon de légumes (bouillon de cuisson d'un potage ou d'un légume, ou bouillon trouvé dans le commerce) ou de viande (voir p. 230 et 232). En général, la cuisson se déroule à couvert pour que la viande ne se dessèche pas. Découvrir les dernières minutes pour colorer la viande.

LES VIANDES BRAISÉES

Principe

Dorer la viande dans une poêle anti-adhésive en utilisant un minimum de matières grasses (une cuillerée à soupe d'huile pour 4 personnes).

Dans la même poêle, faire revenir quelques légumes émincés : oignons, champignons, poivrons, carottes.

Transvaser le tout dans une cocotte ou dans un autocuiseur si l'on veut réduire le temps de cuisson.

Ajouter des aromates (bouquet garni, clou de girofle, ail, sauge, marjolaine, moutarde, coulis ou concentré de tomate), 200 à 300 ml de liquide (vin blanc, vin rouge, bouillon de viande dégraissé, bière).

Assaisonner : sel, poivre.

Laisser mijoter (ou cuire si en autocuiseur).

En fin de cuisson, faire une liaison en incorporant au jus de cuisson :

— soit de la crème fraîche allégée (2 cuillerées à soupe pour 4 personnes) ;

— soit un jaune d'œuf (ne pas reporter ensuite à ébullition) ;

— soit 10 g de maïzena ou de fécule de pommes de terre (préalablement délayée dans un peu d'eau froide, voir p. 68) dans un quart de litre de liquide de cuisson.

Porter le tout à ébullition pendant 2 à 3 minutes en mélangeant pour obtenir l'épaississement.

> Il est possible de servir la viande avec tout simplement un coulis de légumes obtenu en mixant les légumes de la préparation avec le jus de cuisson.

Bœuf bourguignon

(Voir recette p. 204.)

Paupiettes de veau

Préparer une farce avec de la viande maigre hachée, des fines herbes, des épices, de la moutarde, 1 ou 2 petits-suisses ou 2 à 4 cuillères de fromage blanc (pour éviter que la viande ne se dessèche).
Disposer la farce dans de fines tranches de bœuf ou de veau.
Après avoir ficelé le tout, les faire revenir dans une poêle anti-adhésive (une cuillerée à soupe d'huile pour quatre personnes).
Transvaser dans une cocotte. Mettre un peu de vin ou de bouillon de veau (voir p. 232).
Laisser cuire le tout à feu doux, de 45 minutes à une heure, après avoir mis quelques épices ; saler et poivrer.

Sauce bolognaise

Faire revenir de la viande maigre hachée (70 à 100 g par personne) dans l'huile (une cuillerée à soupe d'huile pour quatre personnes).
Ajouter des oignons et de l'ail émincé, du persil haché, 1 carotte coupée en dés et du bouillon de bœuf dégraissé (un demi-litre pour quatre personnes).
Incorporer du concentré de tomate (une cuillerée à soupe par personne) puis ajouter du thym, du romarin, du laurier ; saler, poivrer.
Laisser mijoter à feu doux en remuant souvent, environ une demi-heure. Rajouter un peu de liquide si nécessaire.

AUTRES APPLICATIONS : tous les braisés et ragoûts.

Convient particulièrement aux volailles et viandes blanches.

Principe

Cuire la viande en papillote à four chaud (180°) dans un carré d'aluminium fermé hermétiquement, avec différentes garnitures : des herbes de Provence, du vin blanc, du jus de citron, de la moutarde, une julienne de légumes (coupés en fines lanières), oignons, échalotes, poireaux, etc., du concentré de tomate, des épices, du Porto, Madère ou Cognac (1 cuillère à café par personne).

Applications

Poulet au thym, lapin à la moutarde ancienne.

LES VIANDES FLAMBÉES à L'ALCOOL

Principe

Faire revenir la viande dans un minimum de matières grasses et flamber avec de l'alcool (Madère, Porto, Cognac, Calvados).

Applications

Rognons flambés au Madère

Faire revenir les rognons dans une poêle anti-adhésive avec de l'huile (1 cuillère à café pour 2 personnes).
Saler, poivrer, ajouter de l'ail pilé et du persil haché.
En fin de cuisson verser le Madère. Le flamber.

> Il existe dans le commerce des préparations alcoolisées « spécial cuisine » (Madère ou Porto + épices, prêt à l'emploi).

LES VIANDES EN BROCHETTE OU À LA BROCHE

Mode de cuisson intéressant car une partie des graisses de la viande peut s'écouler.

Principe

Au lieu de laisser mariner la viande avant la cuisson dans une préparation à base d'huile, la faire mariner dans du jus de citron ou dans un yaourt épicé (avec des fines herbes, ail, échalote) ou dans de l'eau infusée (avec du thym, basilic, romarin, marjolaine).

LES VIANDES EN TERRINE

Principe

Mélanger la viande hachée maigre (lapin, veau, porc maigre) avec des œufs battus (un œuf pour 150 g de viande), des herbes et éventuellement un peu d'alcool (Porto) pour donner du goût.

Cuisson (pendant 2 heures) au four à 180° dans un bain-marie pour ne pas dessécher la viande.

LES VIANDES PANÉES

La panure est obtenue avec un jaune d'œuf battu et de la chapelure.

La cuisson se déroulera au four pour ne pas utiliser de matières grasses.

Mettre éventuellement un peu de liquide (jus de citron, vin ou bouillon) sur la panure pour la rendre plus moelleuse.

Cuisson : soit sur une plaque de fonte ondulée (gril), soit sur la position gril du four avec une plaque en dessous, soit au barbecue ou dans la cheminée, soit dans une poêle anti-adhésive.

Pour graisser légèrement le gril ou la poêle, utiliser un pinceau un peu huilé ou du papier absorbant huilé.

Cuisiner les œufs

Œufs en cocotte

Cuisson de l'œuf cassé dans un ramequin au four (5 minutes à 120 °C). Pour donner du goût, disposer l'œuf sur une purée de légumes (obtenue à partir de légumes émincés cuits au préalable) : champignons, poivron, tomate, épinard, etc.

Œufs brouillés

Faire cuire au bain-marie les œufs battus en omelette sans cesser de mélanger.
Incorporer des dés de jambon, ou du poivron, ou des champignons, ou des morceaux de fonds d'artichauts cuits, ou des pointes d'asperges cuites avec des herbes fraîches (persil, ciboulette) et éventuellement un peu de crème fraîche allégée.

Œufs en gelée

Faire pocher les œufs à l'eau : les plonger dans de l'eau frémissante vinaigrée (au préalable les casser sur une assiette plate et les faire glisser dans l'eau).
Disposer l'œuf dans un ramequin avec différentes garnitures : jambon, tomate, cornichon, etc., et recouvrir totalement de gelée (voir p. 67). Laisser au réfrigérateur une heure.

> Pour ce type de préparation, on peut utiliser de la gelée prête à l'emploi déjà aromatisée (au Porto, au Madère, au Cognac).

Œufs en omelette

Battre les œufs en omelette, ajouter un peu de lait, assaisonner puis cuire dans une poêle anti-adhésive non ou légèrement huilée.

GARNITURES POSSIBLES : fines herbes (ciboulette), oseille, jambon, poivron, tomate, champignons.

Pour obtenir une omelette plus volumineuse, séparer les jaunes des blancs. Monter les blancs en neige et les incorporer aux jaunes (mélangés avec du lait). La cuisson se déroule à couvert.

Soufflé au fromage

Préparer une béchamel allégée en chauffant le lait (125 ml) froid dans lequel on a délayé 10 g de maïzena (voir p. 68).
Laisser épaissir en remuant, ajouter du fromage blanc (200 g), des jaunes d'œufs (2 pour 4 personnes), saler, poivrer, ajouter un peu de noix de muscade et de l'emmenthal râpé (20 g par personne).
Incorporer les 2 blancs d'œufs montés en neige.
Disposer dans de petits ramequins ou dans un moule. Cuire au four 30 minutes (à 150 °).

Vous pouvez remplacer l'emmenthal râpé par du poisson (déjà cuit) ou du jambon (coupé finement).

Cuisiner les poissons

Vous utiliserez à votre convenance du poisson ou des crustacés frais, en conserve ou surgelés. Leurs qualités nutritives sont proches, c'est donc votre goût et votre mode de vie qui dicteront vos choix.

LE POISSON AU FOUR

Principe

Disposer le poisson (entier ou en filets) dans un plat sur une couche de légumes (champignons, poireaux, tomates, poivrons, oignons, échalotes) avec éventuellement du jus de citron ou du vin blanc.

Mettre un peu d'herbes (persil, ciboulette). Saler, poivrer, cuire à four chaud (240°, thermostat 8) 15 à 20 minutes.

LE POISSON AU COURT-BOUILLON

Possibilité de préparer soi-même le court-bouillon ou d'utiliser du prêt à l'emploi (sachet ou poudre).

Différents courts-bouillons possibles :

— 750 ml d'eau + 250 ml de vin blanc ou rouge ;

— ou 800 ml d'eau + 200 ml de vinaigre ;

— ou 500 ml d'eau + 500 ml de lait ;

avec en plus la garniture : une carotte, un poireau, un bouquet garni (thym, ail, laurier, persil), un clou de girofle, du sel de mer, du poivre en grains.

Principe

Faire cuire le court-bouillon 20 à 25 minutes.

Retirer du feu puis plonger le poisson.

Remettre au feu. Au premier signe d'ébullition, ralentir le feu puis finir la cuisson à l'eau frémissante.

Retirer le poisson au bout de quelques minutes (la durée de la cuisson est variable selon le poisson).

> À partir du court-bouillon, vous pouvez réaliser une délicieuse sauce :
> Laisser réduire le court-bouillon des deux tiers.
> Délayer une cuillère à soupe de maïzena dans un peu d'eau froide (voir p. 68) puis l'incorporer au bouillon chaud.
> Mélanger et laisser cuire quelques minutes.
> Hors du feu, saler, poivrer, ajouter une cuillère à café de jus de citron, une cuillère à soupe de crème fraîche allégée et un jaune d'œuf.
> Napper le poisson avec la sauce obtenue.
> Garnir d'emmenthal râpé (10 g par personne) et passer au four chaud quelques minutes ou ajouter à la sauce des câpres, ou de la moutarde, ou des moules ou des crevettes.

Coquilles de poisson

Faire cuire le poisson (en filet) au court-bouillon.

Émietter les filets.

Répartir le poisson et les fruits de mer (moules, crevettes, coquilles St-Jacques, etc.) dans les coquilles.

Napper avec une sauce béchamel allégée (voir p. 73).

Saupoudrer d'emmenthal râpé (10 g par personne) ou de chapelure.

Passer au four chaud quelques minutes.

LE POISSON À LA VAPEUR

Principe

Disposer sur une couche de légumes (poireaux, tomates, champignon, poivron, etc.) ou d'algues afin que la vapeur n'entre pas directement en contact avec le poisson. Saler, poivrer.

Laisser cuire dans le panier de l'autocuiseur.

Le temps de la cuisson est variable selon la quantité de poisson à cuire.

Le poisson ne doit pas être trop cuit sinon il se désagrège.

LE POISSON EN PAPILLOTE

Principe

Cuisson du poisson entier ou en filet dans des papillotes (feuilles d'aluminium fermées hermétiquement) garnies soit avec du citron (jus ou rondelles) soit avec du vin blanc, ainsi qu'avec des herbes fraîches, persil, ou des échalotes, des tomates, des oignons, du poivron, etc.

La cuisson se fait à four chaud (thermostat 7) et préchauffé.

LE POISSON EN COCOTTE

Principe

Préparer un coulis de tomate (voir p. 72) relevé avec de l'ail, des oignons hachés (plus d'autres légumes : éventuellement champignons, poivron, etc.), un verre et demi de vin blanc (ou du court-bouillon), du persil haché.

Laisser cuire 10 à 15 minutes dans une cocotte fermée à feu doux.

Ensuite mettre le poisson à cuire dans la cocotte avec le coulis, (on le met seulement à ce moment-là car le poisson cuit plus vite que la tomate) pendant quelques minutes à feu doux et toujours couvert.

LES POISSONS GRILLÉS

(Voir viandes grillées.)

Pour les poissons entiers, conserver les écailles pour protéger la pièce de l'action directe de la chaleur. Les cuire éventuellement avec du gros sel.

LES MOUSSES ET LES TERRINES DE POISSON

Principe

◆ Avec des œufs

Émietter le poisson (cuit à la vapeur).

Mélanger les œufs, le concentré de tomate, un peu de crème fraîche allégée, saler, poivrer.

Recouvrir avec cette préparation le poisson émietté disposé dans un moule.

Cuire au bain-marie au four une heure à thermostat 4 (120°).

Peut se consommer chaude ou tiède.

◆ Avec de la gélatine (voir p. 67)

Prendre de la bisque de homard (en tétra-brick ou en conserve). La délayer dans un même volume avec de l'eau ou mieux le liquide de pochage (court-bouillon de cuisson du poisson). Faire chauffer le tout.

Laisser tremper les feuilles de gélatine dans un récipient rempli d'eau froide pendant 2 minutes. Les retirer, les essorer puis les plonger dans la bisque de homard chaude, bien mélanger.

Incorporer à la bisque les miettes de poisson (préalablement cuit au court-bouillon, voir p. 85) puis un peu de crème fraîche allégée.

Répartir dans de petits ramequins et laisser prendre au réfrigérateur 2 heures avant de déguster.

LES POISSONS FARCIS

C'est l'équivalent des paupiettes de viande mais réalisé avec du poisson.

Principe

Mélanger des miettes de poisson avec des fruits de mer (crevettes, moules, etc.), du fromage blanc, du persil haché, des échalotes émincées. Saler, poivrer.

Disposer le tout sur des filets de poisson cru que l'on enroule et les faire tenir à l'aide d'un pic.

Cuire au four (15 minutes à 180°) sur une fine couche de légumes émincés (poireaux, oignons, champignons, tomate, etc.) ou sur des rondelles de citron.

LES MOULES À LA MARINIÈRE

Procéder comme dans une recette traditionnelle mais ne pas mettre de matière grasse.

Comptez 500 g de moules (avec coquilles) par personne.

Les brosser et les laver à *l'eau courante*.

Les égoutter puis les disposer dans une grande marmite avec, pour 4 personnes, un verre et demi de vin blanc sec, deux échalotes hachées très finement (ou un oignon ou de l'ail), du thym, du laurier, du persil.

Ne pas rajouter d'eau : les moules vont en rendre à leur ouverture ; ne pas mettre de sel, car l'eau des moules est salée.

Couvrir et laisser cuire cinq à dix minutes jusqu'à ouverture des moules.

On peut soit les consommer ainsi, nature, soit confectionner une sauce à partir du bouillon de cuisson.

Dans ce cas :

— retirer les moules de la marmite et les garder au chaud ;

— passer le jus de cuisson puis le disposer dans une casserole à feu vif afin qu'il réduise de moitié ;

— lier la sauce avec un jaune d'œuf, deux cuillères à soupe de crème ou une cuillère à soupe de la maïzena (voir p. 68) ;

— servir la sauce ainsi obtenue avec les moules.

LE FLAN DE FRUITS DE MER

Principe

Battre les œufs en omelette, ajouter un peu de lait (2 œufs pour un quart de litre de lait), des fruits de mer et cuire le tout au bain-marie pendant 30 minutes dans un four chauffé à 210 °C.

> On peut remplacer les fruits de mer par du jambon, du crabe en conserve, des légumes cuits (pointes...).

LES COQUILLES DE FRUITS DE MER

Préparer un coulis de tomate (voir p. 72) en faisant cuire 10 à 15 minutes du concassé de tomate avec de l'ail pilé, du persil haché.

Saler, poivrer.

Disposer les fruits de mer dans des coquilles et napper avec la sauce.

Laisser cuire 10 minutes au four (240°, thermostat 8).

Cuisiner les légumes

LES POTAGES

Principe

Laisser cuire les légumes dans un volume d'eau (la quantité sera variable selon le type de potage préparé) en commençant la cuisson à froid.

Légumes pouvant être utilisés pour un potage : oignons, carottes, poireaux, navets, petits pois, haricots verts, céleri, feuilles de blettes, épinards, chou-fleur, tomates, persil, cerfeuil, fanes de radis, pommes de terre, poivron.

Pour obtenir un potage onctueux sans pomme de terre, utiliser des courgettes.

L'été, possibilité de réaliser des potages glacés (avec des concombres, tomates, potiron) relevé avec du poivre de Cayenne et un yaourt battu.

L'eau de cuisson du potage peut faire office de bouillon de légumes, à boire tel quel ou à incorporer à certaines recettes.

LES LÉGUMES À L'ANGLAISE

Cuisson des légumes dans de l'eau bouillante salée.

On peut faire bouillir des légumes également dans un bouillon de viande (voir p. 230 et 232).

LES PURÉES DE LÉGUMES

Si la purée est composée uniquement à base de légumes verts, ajouter de la poudre de lait et éventuellement un peu de crème fraîche allégée, pour la rendre plus onctueuse.

Sinon mettre un peu de pomme de terre dans la purée, avec le lait.

On trouve aujourd'hui de petits galets de purée de légumes surgelés prêts à l'emploi (céleri, brocoli, etc.).

LES LÉGUMES À L'ÉTOUFFÉE

Principe

Faire revenir les légumes dans une cuillère à café d'huile à feu vif puis fermer la cocotte et laisser cuire à feu très doux (cuisson 35 minutes à 1 heure selon les légumes).

Légumes conseillés pour ce type de cuisson : poireaux, choux, endives, carottes, courgettes, aubergines, salades, haricots verts, navets, fenouil, oignons.

> Ce mode de cuisson permet une bonne préservation des vitamines et minéraux des légumes.

> Il est possible d'ajouter en cours de cuisson 1/2 verre de lait, ou 1/2 verre de bouillon de légumes ou de viande dégraissé ; si vous en appréciez le goût, vous pouvez également mettre de la sauce soja, du concentré de tomate, du bacon. En fin de cuisson, saler, poivrer et éventuellement saupoudrer d'emmenthal râpé avant de servir.

LES LÉGUMES EN GRATIN

Principe

Faire cuire les légumes à la vapeur ou à l'eau.

Puis les passer au four nappés, soit d'une béchamel allégée (voir p. 73), soit d'un mélange de 200 g de fromage blanc et d'un œuf battu (pour 4 personnes).

Saler, poivrer. Ajouter un peu de noix de muscade.

Cuire à four chaud (240°, thermostat 8) 10 à 15 minutes.

Éventuellement, saupoudrer d'emmenthal râpé ou de parmesan.

Légumes conseillés pour ce mode de cuisson : chou-fleur, salsifis, poireaux, endives, bettes, céleri, cardons, fenouil, courges, épinards, carottes, courgettes, navets, salade cuite.

LES LÉGUMES EN SOUFFLÉ

Principe

Cuire les légumes à la vapeur.

Après les avoir égouttés, mélanger avec du jaune d'œuf et du fromage blanc (2 jaunes et 200 g de fromage blanc pour 4 personnes). Mixer le tout. Saler. Poivrer.

Incorporer délicatement les blancs montés en neige au mélange précédent.

Répartir dans un moule ou dans de petits ramequins.

Cuire au four 30 minutes, thermostat 6 (180°).

LES LÉGUMES FARCIS

Principe

La garniture peut être :

◆ Avec de la viande

Mélanger de la viande hachée maigre (ou moitié viande, moitié jambon) avec de l'œuf battu, un ou deux petits-suisses (ou du fromage blanc), de l'ail pilé et du persil haché. Saler, poivrer.

Garnir le légume évidé.

Puis mettre à cuire dans un plat au four (210 °C pendant trente à quarante minutes selon le légume). En cas de légumes fermes (aubergines, fonds d'artichauts...), les faire précuire.

◆ Sans viande

Faire revenir un oignon haché et quelques champignons dans une poêle anti-adhésive avec une cuillère à soupe d'huile.

Ajouter la pulpe des légumes à farcir (tomate, aubergine, courgette, etc.).

Laisser cuire quelques minutes.

Après avoir laissé tiédir, incorporer à la préparation de l'œuf, du persil haché, de l'emmenthal râpé. Saler, poivrer.

Garnir les légumes et passer à four chaud (240°, thermostat 8) dix minutes.

LES TERRINES DE LÉGUMES

Principe

◆ Avec de la gélatine (voir p. 67)

Cuire deux ou trois légumes différents dans un bouillon bien aromatisé, puis les égoutter et les couper en dés.

Dissoudre la gélatine dans le bouillon chaud.

Placer les légumes et le bouillon dans une terrine et laisser refroidir deux à trois heures.

◆ Avec des œufs

Préparer trois purées de légumes différentes, dans lesquelles on incorpore un jaune d'œuf puis un blanc d'œuf monté en neige.

Disposer dans un moule les purées en couches successives et cuire le tout au four au bain-marie trente minutes à four chaud.

Servir tiède ou froid.

Ces terrines peuvent se servir avec une mayonnaise allégée ou un coulis de légumes.

LES TOMATES À LA PROVENÇALE

Principe

Couper les tomates en deux, les saupoudrer de persil haché, d'ail pilé et de chapelure. Éventuellement ajouter un peu de sucre pour couper l'acidité.

Cuire à four chaud (240°, thermostat 8) trente minutes.

LES LÉGUMES À LA CRÈME

Principe

Cuire les légumes à la vapeur.

Après les avoir égouttés, ajouter une cuillère à soupe de crème fraîche allégée par personne.

Laisser cuire cinq minutes à feu doux dans une cocotte.

Saler, poivrer. Saupoudrer de persil haché.

Cuisiner les féculents

On peut profiter de la présence d'une sauce de viande ou de poisson pour consommer en même temps un féculent nature (pommes de terre vapeur, riz créole...). Voici sinon quelques autres idées d'accompagnement.

LES POMMES DE TERRE

◆ Pommes de terre cuites sans matière grasse : pour accompagner des pommes de terre cuites à l'eau ou au four en robe des champs, possibilité de faire des sauces à base de :

un yaourt velouté (goût bulgare)
+ une cuillère à soupe de crème à 15 % de MG dans lesquels on ajoute :
— soit un demi-concombre haché et une gousse d'ail pilée ;
— soit un mélange d'herbes hachées (persil, estragon, ciboulette) et quelques câpres ;
— soit une cuillère à café de jus de citron et du paprika et une pincée de poivre de Cayenne.

◆ Pommes de terre en purée : avec du lait demi-écrémé, du sel, du poivre et un peu de noix de muscade.

◆ Pommes de terre en gratin : recouvrir les pommes de terre émincées crues avec moitié lait et moitié crème fraîche allégée, 1/2 gousse d'ail pilée et 10 g d'emmenthal râpé (par personne).

Cuire à four chaud (240°, thermostat 8) trente à quarante minutes.

◆ Pommes de terre au four et au bouillon : faire revenir des échalotes avec une cuillère à café d'huile quelques minutes.

Disposer dans un plat les pommes de terres émincées avec les échalotes, des champignons émincés.

Saler, poivrer. Mettre un peu de noix de muscade.

Recouvrir d'un 1/2 litre de bouillon de viande (voir p. 230 et 232). Saupoudrer avec 10 g de gruyère râpé par personne.

Cuire quarante minutes à four chaud (240°, thermostat 8).

LE RIZ ET LES AUTRES CÉRÉALES (MILLET, ORGE, BOULGOUR)

Si vous optez pour des céréales complètes, commencez la cuisson à l'eau froide.

◆ Riz au bouillon : faire revenir un oignon ou une échalote émincée avec une cuillère à café d'huile pendant quelques minutes.

Ajouter le riz et mouiller avec du bouillon de viande (voir p. 230 et 232) et éventuellement des champignons émincés.

On peut ajouter différents aromates : thym, laurier, romarin, fenouil, sauge, origan, curry.

Laisser cuire jusqu'à absorption du liquide.

◆ N'oubliez pas que le riz cuit se marie bien en salade avec : du thon ou un autre poisson cuit nature, du jambon, des œufs ou du surimi

+ des tomates
+ de la salade verte
+ un oignon émincé

+ des lanières de poivron
+ des petits pois (ou du maïs).

Pour en faire une recette minceur, accompagnez le tout d'une sauce salade légère (voir p. 69 - 71).

LES PÂTES

◆ Pâtes nature, avec une noisette de beurre par portion
+ une sauce tomate sans matière grasse
+ 10 g de gruyère râpé par personne.

Pâtes à la bolognaise

Sauce bolognaise (voir recette p. 78) mélangée au plat de pâtes nature.

Pâtes en gratin

Dans un plat légèrement huilé déposer une couche d'épinards cuits et bien égouttés.
Additionner de sel, poivre, noix de muscade râpée puis quelques dés de bacon ou jambon cru bien dégraissé.
Placer ensuite une couche de pâtes déjà cuites (type tagliatelles ou macaroni).
Verser dessus un mélange réalisé avec 2 œufs battus et 1/3 de litre de lait, bien répartir la sauce dans tout le plat.
Saupoudrez d'emmenthal râpé (15 g par personne) et cuire à four chaud une vingtaine de minutes.

Pâtes à la carbonara

Faire cuire une sauce avec, par personne :
une cuillère à soupe de crème allégée ;
10 g d'emmenthal ou de parmesan râpé ;
un jaune d'œuf ;
sel et poivre.
Couper en dés 50 g de jambon ou d'épaule par personne.
Mélanger la sauce et le jambon aux pâtes cuites juste égouttées.

En remplaçant le lard par le jambon ou l'épaule, ces pâtes à la carbonara deviennent un plat complet et peu gras.

Pâtes en salade

Aux pâtes froides, associer :
— du jambon, ou du thon, ou des crevettes, ou des œufs durs ;
— des tomates, des champignons, des poivrons ;
— une sauce salade légère (voir p. 69 - 71).

LES LÉGUMES SECS

Préparation

Il faut les mettre tremper dix à douze heures dans trois fois leur volume d'eau froide (sauf les lentilles pour lesquelles le trempage n'est pas nécessaire).

Avant la cuisson, jeter l'eau de trempage, rincer les légumes secs et commencer la cuisson à l'eau froide non salée.

Cuire quarante-cinq minutes à deux heures selon le légume sec.

En fin de cuisson, saler, poivrer.

Possibilité d'ajouter dans l'eau de cuisson : oignon, échalote, ail, bouquet garni, origan, sarriette.

On peut également utiliser les légumes secs précuits en conserve.
Riches en fibres, en protéines et en glucides, les légumes secs peuvent constituer la base d'une salade (en particulier pour les lentilles).
Pour les relever, vous y associerez :
des lanières de poivron
\+ du céleri branche
\+ des lanières de dinde ou de poulet fumé (que l'on trouve déjà cuits dans le commerce).

Cuisiner les desserts

On peut rester mince et en forme tout en mangeant autre chose qu'un fruit au dessert. Les desserts que nous vous proposons ici sont simples, peu gras et savoureux (sur ce dernier point, ce sera à vous de confirmer ou d'infirmer cet avis).

Les fruits incorporés aux desserts peuvent être frais (surtout lorsqu'ils sont de saison), mais également surgelés ou en conserve. Dans ces deux derniers cas, vous les achèterez au naturel, c'est-à-dire sans sucre. Par ailleurs, n'hésitez pas, pour chaque recette, à varier les fruits en fonction de vos goûts et des opportunités.

Ces recettes contiennent généralement du sucre. Si vous vous trouvez dans une période où vous souhaitez maigrir vite, vous pouvez remplacer le sucre classique par un volume équivalent d'édulcorant en poudre (si la recette comporte une cuisson, vous choisirez un édulcorant supportant la cuisson).

Papillotes de fruits

Disposer les fruits dans des papillotes (carrés d'aluminium fermés).
Ajouter éventuellement de la cannelle ou du jus de citron.
Fruits convenant pour ce type de préparation : pomme, poire, banane, ananas, kiwi, pêche.
Cuire à four chaud (240°, thermostat 8) 20 minutes.

Prendre des fruits frais de préférence.

Compote meringuée

Préparer une compote avec les fruits à feu doux dans une casserole avec couvercle.
Ajouter un peu de jus de citron et éventuellement une cuillère à soupe de sucre.
Monter 2 blancs d'œufs en neige, incorporer un sachet de sucre vanillé (pour 4 personnes).
Disposer la compote dans de petits ramequins individuels.
Napper avec les blancs en neige.
Passer au gril du four pendant quelques minutes.

Fruits pochés

Faire cuire les fruits (épluchés) dans de l'eau bouillante citronnée pendant quelques minutes (les retirer quand leur chair n'est plus ferme : piquer les fruits avec la lame d'un couteau pour en juger).
On peut les servir avec une crème Chantilly allégée ou avec une sauce au chocolat allégée (voir recettes p. 238 et 252) ou avec un coulis de fruits rouges.

PRÉPARATION DU COULIS
Mixer 250 g de fraises ou de framboises (fraîches de préférence).
Ajouter un peu de jus de citron et deux cuillères à soupe de sucre.
Napper les fruits pochés. Décorer avec quelques feuilles de menthe.

Mousses

Pour 4 personnes

AVEC DU FROMAGE BLANC
Mélanger 200 à 300 g de fromage blanc avec 3 à 5 cuillères à soupe de sucre
\+ la base de l'arôme
- pulpe de fruit (fraises, framboises, pêches) : 400 g

ou • jus de fruit (citron, orange) : 200 ml
ou • cacao non sucré (Van Houten)
ou • extrait de café.
Incorporer en dernier 3 blancs d'œufs montés en neige.

> La mousse obtenue va bien tenir au départ mais au bout de quelques heures les blancs montés en neige vont redescendre. Pour éviter cela, il est préférable d'y incorporer 1 ou 2 feuilles de gélatine (la faire dissoudre dans l'arôme chauffé, voir p. 67).

Avec une crème pâtissière allégée

Mélanger les jaunes d'œufs (2 ou 3) avec 20 g de maïzena (voir p. 68).
Verser 200 ml de lait chaud sur ce mélange et reporter le tout sur le feu.
Faire épaissir en remuant énergiquement pour éviter la formation de grumeaux.
Retirer du feu quelques minutes après ébullition.
Ajouter les mêmes quantités de sucre et d'arôme que dans la mousse au fromage blanc.
Lorsque le mélange est tiède, incorporer délicatement les 3 blancs montés en neige à l'aide d'une spatule en remuant de bas en haut.
Mettre au frais avant de servir.

Bavarois

Pour 4 personnes

Dissoudre 3 feuilles de gélatine dans 250 ml de pulpe de fruits ou de jus de fruits.
Mélanger avec le fromage blanc (200 g) et 3-4 cuillères à soupe de sucre.
Incorporer 1 blanc d'œuf monté en neige.
Mettre au réfrigérateur plusieurs heures.

Soufflé

Pour 4 personnes

Battre 3 jaunes d'œufs avec 4-5 cuillères à soupe de sucre et 300 g de fromage blanc.
Ajouter 300 g de fruits frais coupés en morceaux.
Incorporer 3 blancs d'œufs montés en neige.
Cuire au four 20 minutes, thermostat 7.

Œufs à la neige avec une crème anglaise

Pour 4 personnes

Faire bouillir un demi-litre de lait avec 1 cuillère à soupe de sucre et la vanille (une gousse coupée en deux dans le sens de la longueur de manière à pouvoir laisser les petits grains de vanille se répandre dans le lait).
Monter en neige les blancs de 4 œufs. Incorporer aux blancs 1 sachet de sucre vanillé ainsi que deux cuillères à soupe de sucre. Faire tomber doucement les blancs dans le lait frémissant à l'aide d'une cuillère à soupe.

Les laisser pocher sans bouillir, les retourner au bout de 2 minutes environ.
Quand ils sont un peu fermes, les égoutter dans une passoire posée sur une assiette.

PRÉPARATION DE LA CRÈME ANGLAISE
Faire à nouveau bouillir le lait vanillé qui a servi à la cuisson des œufs en neige.
Travailler les 4 jaunes d'œufs avec 2 cuillères à soupe de sucre pour obtenir un mélange mousseux.
Verser lentement le lait chaud sur les jaunes, en tournant régulièrement.
Reverser dans la casserole et remettre celle-ci sur feu doux.
Tourner jusqu'à ce que la crème devienne onctueuse.
Ne pas laisser bouillir.
Verser la crème dans un plat creux ou dans des ramequins et disposer les blancs d'œufs dessus.
Servir bien froid.

Clafoutis aux fruits

Pour 6 personnes

Couper les fruits (600 g) en tranches et les disposer dans un plat allant au four.
Battre 3 œufs. Ajouter le lait (350 ml) avec la maïzena (4 cuillères à soupe, voir p. 68) et 5 cuillères à soupe de sucre.
Verser sur les fruits. Faire cuire à four moyen (thermostat 6).

On peut ajouter un peu de Rhum ou de Kirsch (1 cuillère à soupe pour 6 personnes).

Sorbet aux fruits

Pour 4 personnes

Mixer les fruits (400 g). Ajouter une cuillère à soupe de jus de citron.
Placer-les dans le bac à congélateur 30 minutes.
Mixer à nouveau.
Remettre à glacer 30 minutes.
Mixer une dernière fois puis incorporer 2 cuillères à soupe de sucre et éventuellement 1 blanc d'œuf monté en neige.
Mettre au congélateur (ou freezer) plusieurs heures.

Gâteau de semoule

Pour 1 personne

Mélanger le lait (150 ml) avec du sucre, de l'extrait de vanille (1 cuillère à café) ou un autre parfum (café ou chocolat), 30 g de semoule et 1 œuf battu.
Cuire à feu modéré jusqu'à absorption complète du lait.

Il est possible de remplacer la semoule par du tapioca ou du riz.

Tartes aux fruits

Pâte pour 6 personnes

125 g de farine
100 g de fromage blanc
30 g de beurre
1/2 cuillère à café de sel
50 à 75 ml d'eau

Mélanger la farine et le beurre, le fromage blanc, le sel et l'eau.
Former une boule de pâte et la laisser reposer au moins 30 minutes.
Étaler la pâte et garnir le moule.
Disposer les fruits frais (100 g par personne) et éventuellement arroser d'un jus de citron.
Cuire à four chaud 30 minutes.

Pour les tartes aux fraises ou aux framboises, faire cuire la pâte à blanc (sans fruit) et disposer ensuite les fruits.

BIEN MANGER POUR MAIGRIR ET RESTER MINCE

Dépasser la notion de calories

Les variations de poids sont essentiellement liées à des variations de la quantité de tissu adipeux (appelé aussi graisse corporelle) de notre corps. La quantité de graisse corporelle résulte de la différence entre nos apports d'énergie (par les aliments) et nos dépenses d'énergie (nous brûlons chaque jour des centaines de calories pour nos mouvements et pour le fonctionnement de nos cellules). Le tissu adipeux fonctionne comme un compte en banque : lorsque nos apports alimentaires dépassent nos dépenses, il stocke la différence et notre poids augmente ; c'est ce qui arrive si nous nous mettons à manger plus que d'habitude ou si nous bougeons (et donc dépensons) moins. Si, au contraire, nous mangeons moins de calories que nous n'en brûlons, notre corps, pour satisfaire ses besoins, puise dans ses réserves énergétiques, donc dans notre graisse, et nous maigrissons ; c'est pour cela que nous pouvons perdre des kilos en suivant un régime mais aussi en élevant des dépenses d'énergie par la pratique régulière d'un sport. Lorsque l'équilibre s'instaure entre les apports caloriques alimentaires et les dépenses d'énergie du corps, autrement dit lorsque les dépenses sont égales aux apports, le poids reste stable.

Les rapports entre le poids du corps le métabolisme calorique de l'organisme sont incontournables. Pour autant, on ne peut pas limiter le choix des aliments à une arithmétique calorique. Celle-ci s'avère à la fois fastidieuse (essayez de surveiller votre nourriture à la calorie près, vous comprendrez) et simpliste : *toutes les calories n'ont pas le même poids*. En effet, les valeurs énergétiques couramment admises des nutriments caloriques (glucides, lipides, protéines, alcool) ne rendent pas compte de l'effet de ces nutriments sur le poids, et ce pour plusieurs raisons. Premièrement, l'énergie réellement contenue dans l'alimentation est de 3,74 calories (et non 4) par gramme pour les glucides, 4,2 (et non 4) pour les protéines, 9,3 (et non 9) pour les lipides, 7,12 (et non 7) pour l'alcool. Un gramme de lipides apporte en fait non pas deux, mais près de trois fois plus de calories qu'un gramme de glucides.

Avant d'être stockée sous forme de graisse dans notre corps, une partie des calories alimentaires est brûlée quoi qu'il arrive, un peu comme si nos aliments devaient payer un « ticket d'entrée » lors du passage des nutriments vers l'organisme. Or cette dépense d'énergie diffère selon les nutriments énergétiques (glucides, lipides, protéines ou alcool). À ce niveau aussi, les *lipides alimentaires favorisent particulièrement le développement de la graisse corporelle*. Le stockage des lipides alimentaires dans le tissu adipeux est économe en énergie puisqu'il ne brûle que 4 % de la valeur calorique des lipides. En revanche, la transformation des glucides en graisse est plus dispendieuse : elle dissipe sous forme de chaleur 26 % de leur valeur calorique. Autant d'énergie qui n'est pas stockée dans notre tissu adipeux. Le tableau ci-après illustre cette différence entre les lipides et les glucides.

Pour les protéines, le coût calorique de transformation en graisse apparaît encore plus important,

Conséquences sur le poids d'un excès en glucides ou en lipides par rapport aux besoins

	100 GRAMMES EN LIPIDES EN EXCÈS	100 GRAMMES EN GLUCIDES EN EXCÈS
Niveau calorique		
— donné par les tables alimentaires	900	400
— réellement contenu dans l'aliment	930	374
— disponible pour former de la graisse	893	277
Prise de poids	110 g	35 g

puisque l'organisme brûle au moins 30 % de leurs calories avant de pouvoir les utiliser.

Les lipides font donc plus facilement grossir que les glucides et les protéines. Cette tendance est accentuée par le fait que les lipides calment moins la faim que les protéines ou les glucides. Les matières grasses (beurre, huiles, margarines), les aliments ou les plats gras sont donc à surveiller tout particulièrement lorsqu'on cherche à maîtriser sa ligne. Avez-vous pour autant intérêt à consommer des aliments allégés en graisses ?

LES MATIÈRES GRASSES ALLÉGÉES

Lorsqu'on mange une nourriture globalement allégée en graisses, on maigrit, et ce même en se servant à volonté. C'est pourquoi dans la plupart des recettes que nous vous proposons, la dose de matières grasses reste raisonnable ; c'est pourquoi également nous vous conseillons pour certains plats d'utiliser des produits allégés en graisses.

Le *lait* constitue l'un des premiers aliments à avoir été allégé : depuis les années soixante-dix, un nombre croissant de Français ont adopté le lait demi-écrémé, à tel point que celui-ci représente à présent plus des deux tiers des ventes. Bien que sa teneur en graisses soit deux fois inférieure à celle du lait entier (dix-sept grammes au lieu de trente-six grammes par litre), il conserve un certain moelleux en bouche. En revanche, le lait totalement écrémé est souvent ressenti comme insipide ; de ce fait, vous le réserverez aux périodes où vous avez besoin de maigrir vite.

Le *yaourt* nature classique est naturellement maigre. Aussi, les yaourts à 0 % de matières grasses (MG) procurent peu d'avantages, d'autant qu'ils sont souvent plus acides et moins onctueux. Pour leur part, les laits fermentés au biofidus sont gras, puisqu'ils fournissent presque autant de graisses que les yaourts au lait entier. En cas de régime strict, vous vous méfierez également de laits fermentés affichant 10 % de matière grasse tel le Fjord : ils procurent plus de graisses que les *fromages blancs* à ... 40 % de MG. En effet, dans la législation, la teneur en MG s'exprime par rapport au produit complet pour les laits fermentés, mais par rapport à l'extrait sec pour les fromages ou les fromages blancs. Ainsi, un fromage blanc étiqueté à 40 % de MG (sur extrait sec) contient en fait sept grammes de MG pour cent grammes de produit consommé. Les fromages blancs à 0 % de MG ont réalisé de grands progrès quant à leur goût, mais ne sont pas toujours très appréciés ; apparu récemment, le fromage blanc à 10 % de MG fournit peu de lipides (à peine un gramme pour cent grammes) tout en étant moelleux : c'est un bon compromis si vous avez décidé de maigrir vite.

Les laitages écrémés ou semi-écrémés renferment autant de calcium et de protéines que leurs homologues entiers. Par ailleurs, on peut facilement les incorporer à des sauces ou à des desserts légers. Enfin, leur simplicité d'emploi en fait des aliments facilement adaptables, en particulier lors des petites envies. Ils constituent donc des aliments minceur idéaux, d'autant qu'ils calment bien la faim et contiennent les précieuses protéines dont nos muscles et nos organes ont besoin.

À la différence des fromages blancs, *les fromages* contiennent peu d'eau, et donc proportionnellement plus de matière sèche. Ainsi, cent grammes de fromage apporte environ vingt-cinq grammes de graisses, soit trois fois plus que cent grammes de fromage blanc à 40 % de MG. Face aux traditionnels fromages à 45 % de MG, les producteurs ont fabriqué des fromages allégés à 20 ou à 25 % de MG. Malheureusement, cet allégement rend généralement la texture du fromage plus ferme et plus élastique, avec un goût plus amer et plus plat. Les vrais amateurs préféreront un petit morceau d'un fromage classique à un morceau deux fois plus grand d'un fromage allégé. Il est cependant possible de trouver sur certains marchés des fromages traditionnels à la fois légers et savoureux, telle que la tome fermière à 20 % de MG.

Pour améliorer leur image, les *charcuteries* se lancent elles aussi dans l'allégé. Il existe à présent des saucisses ou des pâtés allégés ; *appréciez-les sans en abuser*, car ils restent trop gras pour pouvoir être consommés régulièrement lorsque l'on veut maigrir. En revanche, *vous pourrez souvent manger des charcuteries naturellement pauvres en matières grasses*, telles que le jambon cuit, le jambonneau, les tripes ou les filets de bacon.

Les *plats cuisinés* dits allégés fournissent moins de trois cent cinquante calories. En fait, plus qu'aux calories totales, vous vous attacherez à la composition détaillée de ces plats : ils devraient comporter des protéines en quantité suffisante (au moins vingt grammes par portion), peu de lipides et une ration suffisante en glucides (donc en féculents) et en fibres.

Dans les *pâtes à tartiner* allégées, on a réduit en général les matières grasses de moitié par rapport au beurre ou à la margarine classique. Reste à savoir si vous ne préférerez pas tartiner votre tranche de pain du petit déjeuner avec une petite noisette de beurre plutôt qu'avec une noix deux fois plus grosse de « beurre allégé ». Le même raisonnement s'applique lorsque l'on compare les versions allégées et traditionnelles de la crème fraîche (pour les préparations culinaires) ou de la vinaigrette (pour les crudités ou les salades). Tous ces produits trouvent surtout leur intérêt lorsque l'allégement n'altère pas leur saveur : à vous de choisir.

Si vous vous contentez de remplacer deux ou trois aliments habituels par leurs équivalents allégés sans rien changer d'autre à vos habitudes, vous rattraperez dans les heures qui suivent les calories que vous aviez évitées par l'allégement. Un bénéfice persiste cependant : le rattrapage porte sur des aliments riches en glucides. Au total, *vous absorberez autant de calories mais moins de lipides et plus de glucides*. Vous améliorerez ainsi l'équilibre de votre nourriture dans un sens qui favorise la maîtrise de votre poids.

LE RÉGIME ASSOCIÉ

Manger moins gras tout en mangeant savoureux constitue l'un des piliers du « bien manger pour bien maigrir » ; ainsi, vous perdrez plus de graisse corporelle et moins de muscle, alors que les régimes amaigrissants riches en lipides font perdre trop de muscle et pas assez de graisse. Mais d'autres éléments interviennent, réunis autour du concept du « régime associé ». En effet, en combinant ses aliments au sein d'un même repas, on bénéficie de leur mise en valeur réciproque ; les avantages obtenus concernent tant la santé que la ligne. Sept règles gouvernent cette façon « associée » de se nourrir.

Règle 1 : aux glucides, une large place tu offriras

Les glucides fournissent de l'énergie pour les muscles et le métabolisme des cellules de l'organisme. Pour la maîtrise du poids, ils ont l'avantage de bien calmer la faim tout en apportant des calories qui seront en grande partie brûlées avant même de pouvoir être stockées sous forme de graisse corporelle. *En sont riches les féculents, les céréales, les légumes secs, le pain et les fruits ; ces aliments devraient constituer la plus large part de nos repas.* Les aliments sucrés contiennent également des glucides, mais leur consommation doit rester modérée car ils sont souvent trop gras et sont susceptibles de conduire à manger au-delà de ses besoins ; la même réserve s'applique à l'utilisation des édulcorants intenses (ou « sucrettes »).

Règle 2 : les protéines, tu n'oublieras pas

S'il ne fallait garder qu'un nutriment, ce serait les protéines : chaque jour et à chaque repas, la vie de nos cellules nécessite leur apport par la nourriture. Mais *point trop n'en faut* et la quantité dont nous devons en consommer reste à peu près constante quelle que soit par ailleurs notre alimentation : que nous mangions comme quatre ou que nous suivions un régime sévère, nos besoins protéiques quotidiens se situent entre soixante-dix et cent grammes. Outre celles contenues dans les céréales et les légumes secs, les protéines proviennent des laitages, poissons, œufs, viandes et charcuteries.

Règle 3 : les lipides, tu limiteras

Les lipides, ou graisses, constituent le nutriment le plus susceptible de faire grossir. Il faut donc *apprendre à manger savoureux tout en limitant les quantités d'huiles, de beurre, de margarine ou de plats gras.* Mais attention à ne pas tomber dans l'excès inverse. À chacun des repas, un apport modéré de lipides sera utile pour rendre les mets plus agréables, pour ralentir la vitesse de digestion des glucides et pour fournir les acides gras essentiels à l'organisme.

Règle 4 : les fibres, tu accueilleras

Pour celui qui désire maîtriser son poids, les fibres ont bien des vertus. Elles calment la faim, elles réduisent la densité calorique des repas, elles ralentissent la vitesse à laquelle on mange. *Consommer à chaque repas crudités, légumes ou fruits* facilite l'amaigrissement puis le maintien du nouveau poids.

Règle 5 : bien boire, tu t'efforceras

En fonction de leur nature, les boissons présentent des effets opposés sur la corpulence. Un litre d'une boisson sucrée apporte environ cent grammes de sucre par litre, soit plus de vingt morceaux de sucre : elles n'ont pas leur place sur la table des repas, mais devraient être réservées à quelques événements festifs. En effet, leurs calories sont mal comptabilisées par l'organisme et leur goût sucré tend à stimuler l'appétit. Ce dernier inconvénient concerne également les boissons édulcorées, ou *light*. Il faut *réapprendre à apprécier l'eau*. Bue entre les repas, elle calme la faim et satisfait le besoin d'avoir quelque chose en bouche. Consommée pendant les repas, elle donne l'occasion d'effectuer une pause et de ralentir la prise d'aliment. Pour sa part, l'alcool n'est pas incompatible avec la santé et la ligne, à condition d'en limiter la consommation à un verre de vin par repas.

Règle 6 : un bon rythme, tu maintiendras

Pour satisfaire l'organisme et éviter de trop consommer, il faut s'attacher à l'ambiance du repas. Asseyez-vous autour de la table, partagez le pain et conversez avec les autres convives, mangez, et... ne faites rien d'autre. Des repas négligés, une ambiance stressante ou l'inattention portée à la nourriture (par exemple lorsqu'on mange en regardant la télévision) favorisent les allers-retours incessants vers le réfrigérateur la prise automatique (et sans plaisir) de nourriture, puis les grignotages intempestifs. Le bon rythme passe tant par la présence des trois repas traditionnels quotidiens que par le fait de prendre son temps. *Manger lentement une nourriture agréable, penser à en apprécier les saveurs suffit parfois pour maigrir.*

Règle 7 : avec modération, les règles tu enfreindras

Ces règles du « bien manger pour bien maigrir » sont édictées... pour être enfreintes. La sagesse consiste à profiter pleinement et sans culpabilité des événements culinaires exceptionnels, et à modérer leur fréquence. Terminez votre dîner au restaurant par une pâtisserie fine, mais sachez utiliser la variété des fruits les autres jours. Dimanche matin, trempez un croissant au beurre dans votre café au lait, mais revenez au pain et aux céréales peu sucrées pour les autres petits déjeuners. Les jours de fête, appréciez le repas convivial, mais surveillez votre alimentation aux repas suivants. Là comme ailleurs, *la sagesse réside dans la mesure.*

LA MISE EN PRATIQUE

Le *petit déjeuner* constitue une étape primordiale si l'on cherche à maîtriser sa corpulence. Faisant suite au jeûne prolongé de la nuit, il favorise le redémarrage de l'organisme pour la journée. Le pain ou les céréales fourniront les glucides. Plutôt que les céréales soufflées (style Corn Flakes), vous préférerez les flocons d'avoine ou le muesli non sucré : ces céréales complètes calment mieux la faim jusqu'au déjeuner du fait de leur teneur en fibres. Si vous ne les appréciez pas, plusieurs solutions existent pour assurer un apport efficace en fibres : remplacer la baguette par du pain complet (ou du pain de seigle ou du pain au son), manger un fruit (coupé en morceaux, il accompagnera avec bonheur le bol de céréales ou de formage blanc), ou encore ajouter une ou deux cuillères de son au yaourt ou au lait. Les protéines animales proviendront du lait (associé aux céréales, au café ou au thé) ou d'un autre laitage (yaourt, fromage...), d'un œuf, ou d'une tranche de jambon. En tartinant légèrement votre pain avec du beurre ou de la margarine, en consommant du lait demi-écrémé, un fromage blanc à 10 % ou à 20 % de matières grasses ou le jaune de l'œuf, l'apport en lipides sera à la fois utile et modéré. Un peu de miel, de confiture ou un petit morceau de sucre ne sont pas indispensables mais restent souvent compatibles avec un projet minceur.

Au déjeuner comme au dîner, la place centrale du repas sera occupée par un aliment riche en glucides : pâtes, riz, pommes de terre, pain, légumes secs, etc. Autour graviteront une viande (ou un poisson, des œufs, des charcuteries légères) et souvent un laitage (yaourt, fromage blanc, fromage) — ces aliments sont sources de protéines animales — ; des crudités, un légume vert ou un potage qui fourniront les fibres pour calmer la faim ; sauce, huile, beurre, margarine présents mais en quantité limités, afin de réduire l'apport en graisses. Enfin, n'hésitez pas à profiter des desserts à la fin des repas ; vous abandonnerez, en revanche, les grignotages sucrés entre les repas.

Si vous êtes mince et désirez le rester, vous devriez y parvenir avec cette « cuisine associée », sans avoir à peser vos aliments ou à en calculer le nombre de calories. La même remarque s'applique à certaines personnes qui souhaitent maigrir : si vous n'avez que peu de poids à perdre, si votre corpulence provient manifestement d'un déséquilibre de vos repas, le seul [illegible]it de suivre les sept règles de « *l'alimentation* [illegible]*ciée » permet spontanément de mieux se régler et* [illegible]*dre les kilos superflus*. En revanche, si la perte [illegible] vous paraît insignifiante ou trop lente, voyons [illegible]ombiner entrée, plat et dessert de façon à [illegible]aigrissement.

[illegible]ir, deux solutions sont possibles :

— soit les menus classiques à quatre services avec entrée, plat principal, fromage et dessert que vous propose *Le Guide du bien maigrir* ; les recettes et les conseils contenus dans le présent ouvrage vous permettront d'agrémenter et de diversifier ces menus ;

— soit le repas centré autour d'un plat complet que vous allez découvrir dans les pages qui suivent.

Ces deux solutions ne sont pas incompatibles. Selon les jours, en fonction des circonstances et de vos envies, vous alternerez l'une et l'autre.

Quelle que soit la formule que vous adopterez, suivez ces deux conseils[1] :

— Faites le point sur votre poids actuel. Avez-vous vraiment besoin de maigrir ? En avez-vous vraiment envie ? De combien de kilos ?

— N'oubliez pas que la perte de poids ne passe pas forcément que par la diététique. Selon les cas, le sport, la thérapie comportementale, etc., peuvent également vous aider.

---

1. Pour en savoir plus, parlez-en à votre médecin ou référez-vous au *Guide du bien maigrir*, Éditions Odile Jacob.

Éloge du plat complet

UN CONCEPT TRADITIONNEL POUR UNE IDÉE NEUVE

La plupart des régimes vous proposent la succession classique entrée, plat principal, fromage, dessert. Tout cela est très joli sur le papier, mais la mise en « assiette » de ces conseils débouche parfois sur trois inconvénients :

— *le temps* : que ce soit sur votre lieu de travail ou en famille, vous n'avez pas toujours le loisir de préparer puis de consommer une telle succession de plats ;

— *la frustration* : vous avez droit à plusieurs plats, mais chacun apparaît bien « maigre » dans l'assiette ;

— *la faim* : la succession de plats différents élève le seuil de rassasiement et retarde l'arrêt de sensation de faim ; de ce fait, vous avez tendance à manger plus. Ce phénomène est vérifié depuis longtemps par les grands cuisiniers qui proposent une succession impressionnante de plats au sein des menus gastronomiques.

Une première manière de résoudre ces problèmes de frustration et de faim consiste à suivre des régimes dissociés. Ils n'autorisent qu'une famille d'aliments à chaque repas : aliments d'origine animale, viandes, charcuteries, poissons, à l'un ; d'origine végétale à l'autre — céréales et légumes secs. De ce fait, ils engendrent d'habitude une réduction spontanée de la prise de nourriture, car nos papilles du goût se lassent d'avoir en bouche une seule famille d'aliments tout au long d'un même repas. Mais cette dissociation comporte des inconvénients, tant pour le goût (on apprécie peu longtemps le foie gras sans toast, le fromage sans pain ou les pommes de terre sans beurre) que pour la santé : on ne bénéficie plus des avantages d'une nourriture associée décrits p. 55 à 58.

Une autre solution consiste à limiter le nombre des plats et à réunir au sein de chaque plat les éléments d'une nourriture associée. Vous prenez une grande assiette, vous y mettez une portion copieuse d'un féculent, une bonne part d'un légume vert, un peu de viande (ou de poisson ou un œuf) ; enfin, vous agrémentez le tout d'un peu de beurre ou d'huile. Vous voilà avec la « pyramide » idéale (voir p. 48 à 54) réunie dans un seul et même plat. Vous savourez ainsi un plat, à la fois bon, complet et rassasiant. Il vous sera alors facile de vous en contenter ou de n'y adjoindre qu'une entrée, ou un fromage et sa salade verte, ou encore un dessert. Ainsi, vous bénéficiez au maximum des avantages des bonnes associations entre les aliments, vous limitez la frustration grâce au volume des portions et vous accélérez le rassasiement. De plus, vous gagnez du temps dans la confection des repas.

Nombre de plats traditionnels (choucroute, pot-au-feu, cassoulet, couscous) reposent sur ce principe. Autrefois, chaque pays, chaque région de France avait une alimentation basée sur un plat complet caractéristique. Claude Thouvenot[1], chercheur au CNRS, l'a bien montré à propos de sa région d'origine, la Lorraine. Au siècle dernier, « la soupe d'antan, plat complet en plusieurs parties associant toujours, sauf les jours maigres, l'eau, les légumes des quatre saisons, le lard et le pain [...] était encore pour beaucoup un plat bi-quotidien ». Autre aliment incontournable à l'époque, les pommes de terre ; elles « figuraient sur les tables tous les jours [...]. On les présentait sous toutes les formes, mais surtout avec des produits laitiers ou

1. Claude Thouvenot, *Le Pain d'autrefois*, Presses universitaires de Nancy, 1987. Les citations sont issues de ce livre.

fricassées au saindoux et accompagnées de salade». Un féculent, la pomme de terre ; un aliment apportant des protéines, les produits laitiers ; une matière grasse, le saindoux ; et un légume qui apporte fibres et vitamines, la salade : le plat principal associé que nous vous proposons s'inscrit dans les anciennes traditions culinaires. Les bourgeois bénéficiaient eux du pot-au-feu, qui «était à la soupe au lard ce que le noble est au roturier». Il associait de la viande bouillie, «accompagnée de légumes, carottes, navets, poireaux, choux et parfois, pommes de terre» et du bouillon dans lequel trempait le pain.

Le choix et l'abondance d'aliments qui nous sont proposés aujourd'hui nous permettent de varier les combinaisons plus qu'on ne le faisait au siècle dernier pour créer des plats complets. Et encore, nos ancêtres savaient changer les saveurs de leur nourriture tout en conservant les mêmes ingrédients de base. Ainsi, le fromage blanc, qui accompagnait si souvent pommes de terre et salade, était agrémenté selon les jours avec «le sel, le poivre, les échalotes, les ciboulettes, les cives, voire l'ail. D'aucuns ajoutaient, selon les contrées, du persil, du cumin, des oignons finement hachés et même des raves coupées en rondelles». *À vous de faire fonctionner votre imagination pour égaler celle de nos aïeux, qui savaient faire une cuisine savoureuse avec peu de moyens.*

Lorsque le fait de suivre les conseils du «régime associé» ne suffit pas pour atteindre le poids que vous souhaitez, donnez priorité au plat complet : la perte de poids deviendra plus rapide et plus facile. Vous n'exclurez pas pour autant les menus classiques à quatre plats successifs, mais vous en limiterez l'usage à deux ou trois occasions par semaine.

L'élément de base de votre nouveau programme sera donc le plat complet. Pour le préparer, la solution la plus simple consiste à utiliser les aliments dont vous disposez habituellement chez vous, sans aller courir tel ou tel magasin spécialisé. La façon de marier ces aliments de tous les jours vous est exposée p. 267 à 319. Vous y apprendrez les bases d'une cuisine minceur simple et saine.

Pour les repas où vous souhaiterez mettre un peu de fête dans vos assiettes, il vous sera facile d'adapter vos recettes personnelles aux critères du plat complet. Et lorsque vous souhaiterez rencontrer de nouvelles saveurs, tournez-vous alors vers les recettes proposées par notre chef cuisinier (p. 135 à 265).

Qu'il corresponde à un plat de tous les jours ou à un plat de fête, chaque plat complet a été conçu de façon à :

— être bien équilibré, avec une répartition adéquate entre protéines, glucides et lipides grâce à l'association bien dosée entre une bonne part de féculents, de la viande (ou du poisson, ou des œufs, ou du fromage) et une matière grasse (beurre, huile, crème) ;

— apporter une quantité adéquate de vitamines, de sels minéraux et d'oligo-éléments par la complémentarité de ses divers composants ;

— favoriser la perte de graisse corporelle, et non celle de muscles, par sa richesse en glucides et en protéines, sa teneur modérée en graisses ;

— réduire la sensation de faim, accélérer puis prolonger le rassasiement par la taille des portions ainsi que par la présence conjointe de légumes verts riches en fibres et de féculents riches en glucides ;

— être savoureux car les divers éléments du plat (féculents, légumes verts, viande ou poisson, matière grasse, sans oublier les éventuelles épices) se valorisent l'un l'autre.

Du fait de ces qualités, chacun des plats principaux (au poisson, à la viande, ou encore végétarien) peut tenir lieu à lui tout seul de déjeuner ou de dîner. Vous pourrez donc vous en contenter. À d'autres moments, vous y adjoindrez, selon vos envies et vos obligations, une entrée, du pain, du fromage, une salade verte ou un dessert.

CHOISISSEZ VOTRE PROGRAMME

Pour vous aider dans la confection des plats complets, ainsi que dans celle d'entrées et de desserts se rapprochant du même concept, nous vous proposons «les recettes du chef» (p. 135 à 265), ainsi que des recettes et des conseils utiles pour la vie quotidienne (p. 63 à 105 et 267 à 323). Ce sont des exemples que vous pourrez soit réaliser à la lettre, soit adapter à vos habitudes culinaires.

Centrez vos repas sur un plat complet et suivez nos conseils de cuisine. Pour beaucoup d'entre vous, cette attitude suffira pour maigrir durablement. Si la perte de poids vous paraît trop lente, il vous faudra alors comptabiliser le nombre de vos plats. Vous allez en quelque sorte gérer votre quotidien pour atteindre votre objectif. Afin de faciliter cette gestion, nous avons classé les recettes en fonction de leur effet sur la vitesse de la perte de poids.

Qu'elle corresponde à une entrée, un plat principal, un fromage ou un dessert, chaque recette cherche à concilier sagesse et gourmandise. Mais certaines sont plus sages, d'autres plus gourmandes. En fonction de ce caractère, sage ou gourmand, nous leur avons associé un nombre précis de points qui vous servira dans la confection de vos repas.

Vous avez donc, pour commencer, trois chiffres à retenir : 1, 2 et 3.

À partir de ces plats, vous allez élaborer à chaque repas des menus qui sont tous centrés autour d'un plat

	Sage	Gourmand(e)
Entrée	1	2
Plat principal	2	3
Fromage	1	2
Dessert	1	2

complet, mais qui diffèrent par leur nombre de points, c'est-à-dire par le nombre, ou le type, de plats incorporés au menu. Et les programmes que nous vous proposons ont un nombre de points égal à la somme des points des divers repas *de la journée* (petit déjeuner + entrée, plat, fromage, dessert au déjeuner + idem pour le dîner).

Pour bien choisir le nombre et le type d'entrée, de fromage et de dessert qui entoureront les plats complets de votre déjeuner et de votre dîner, il vous reste à déterminer le nombre de points correspondant à votre adéquation personnelle. Plus ce nombre de points sera élevé, plus vous disposerez à chaque repas d'un nombre élevé de plats (ou plus ces plats seront copieux). Trois critères détermineront votre choix :

— la vitesse à laquelle vous souhaitez maigrir : si vous voulez aller vite, vous ne prendrez qu'un, ou parfois deux plats en sus du plat complet ; inversement, si vous n'êtes pas pressé(e), vous pourrez en consommer plus ;

— votre corpulence actuelle : si vous êtes fort(e) ou très fort(e), vous maigrirez probablement plus aisément au début de votre programme et pourrez donc, si vous le souhaitez, vous octroyer un nombre plus élevé de plats ou des portions plus importantes ;

— votre sexe : les hommes brûlent plus de calories que les femmes et avec un même régime maigrissent donc plus vite qu'elles.

Si vous êtes une femme et que vous ayez besoin de maigrir vite, vous perdrez deux à quatre kilos par mois avec un programme à 8 points. Si vous êtes moins pressée, octroyez-vous un nombre plus élevé de « petits plats » : vous perdrez mensuellement un à deux kilos avec un programme plus copieux, à 10 ou 12 points. Et si votre poids dépasse les 80-85 kilos, vous êtes, d'une certaine façon, doublement chanceuse : vous maigrirez au début plus rapidement avec ces programmes ; et vous pourrez même perdre du poids (mais doucement) avec des programmes encore plus riches, à 14 voire à 16 points.

Si vous êtes un homme, les programmes à 8 et à 10 points vous feront perdre chaque mois quatre kilos ou plus. Avec les programmes à 12 points, vous perdrez encore environ trois kilos. Et si vous n'avez pas de raison particulière pour maigrir vite, contentez-vous des programmes à 14 et à 16 points, particulièrement copieux, pour perdre mensuellement deux kilos.

Comment stabiliser votre poids après avoir maigri ?

Deux solutions existent :

— appliquer simplement les conseils de la « pyramide gastronomique » (p. 48 à 54) et du « régime associé » (p. 114 à 119), sans vous limiter quant au nombre de plats ;

— conserver une alimentation basée sur le concept du plat complet et manger progressivement des portions un peu plus copieuses, par exemple en ajoutant un point tous les quinze jours.

À vous de choisir la solution qui correspond le plus à votre personnalité, à vos obligations et à vos goûts. Et pour savoir quand ne plus augmenter vos portions, pesez-vous chaque semaine : lorsque votre poids ne montrera que de petites variations (moins de 1,500 kg) sur quelques semaines, c'est que votre nourriture du moment sera propice à votre stabilisation. Enfin, rappelez-vous que la pratique de la marche ou d'un sport vous permettra de maintenir plus facilement votre nouveau poids (pour savoir quand et comment débuter une activité physique, vous pouvez consulter *Le Guide du bien maigrir*).

Les programmes qui suivent vont respectivement de 8 (le plus sage) à 12 points (le plus gourmand). Considérez-les comme des exemples. Vous pouvez en fait fort bien vous préparer des programmes à nombre impair, si l'agencement correspondant vous convient mieux. Par contre, ne descendez pas en dessous de 8 points sans l'avis de votre médecin, car vous pourriez avoir besoin alors de suppléments nutritionnels. Et si vous êtes déterminé pour un programme supérieur à 12 points, vous pourrez augmenter :

— la quantité de pain (voir p. 283 à 285) ;

— le nombre de plats à chaque repas ;

— la portion de vos plats : par exemple, en élevant de 50 % les ingrédients d'un plat principal sage (à deux points), vous le transformerez en un plat principal à 3 points.

Avec un programme à 8 points, vous devriez perdre 2 à 4 kilos par mois si vous êtes une femme, plus de 4 kilos par mois si vous êtes un homme.

Avec un programme à 10 points, vous devriez perdre 2 kilos par mois si vous êtes une femme, 4 kilos par mois si vous êtes un homme.

Avec un programme à 12 points, vous devriez perdre 1 à 2 kilos par mois si vous êtes une femme, 3 kilos par mois si vous êtes un homme.

Pour plus de précisions quant aux plats proposés dans ces menus, référez-vous aux chapitres « Les recettes du chef » (p. 135 à 265) et « Vos recettes minceur au quotidien » (p. 261 à 317).

Les nombres 8, 10 et 12 de ces programmes correspondent non aux points de chaque jour, mais à leur moyenne sur la semaine.

Programme à 8 points (exemple d'une semaine de menus)

	LUNDI	MARDI	MERCREDI	JEUDI	VENDREDI	SAMEDI	DIMANCHE
Petit déjeuner	Continental	À la suédoise	Continental	Darjeeling	À l'américaine	Continental	Chocolat
Points	(2)	(2)	(2)	(2)	(2)	(2)	(3)
Déjeuner							
— Entrée	Tartare de légumes				Tomate farcie au roquefort	Hure de lapereau	
— Plat	Fricassée de poulet au curry	Riz campagnard	Endive au fromage	Cabillaud sauce cressonnette	Œuf poché florentin	Salade de lentilles au haddock	Fricassée de ris de veau au chou
— Fromage			Yaourt nature				Brie + pain
— Dessert			Fruit				
Points	(3)	(2)	(4)	(3)	(4)	(2)	(3)
Dîner							
— Entrée		Crème vichyssoise					
— Plat	Filet de sole à l'avocat	Papillote méditer-ranéenne	Taboulé de fruits de mer	Paupiette de sandre aux petits légumes	Boulghour à la provençale	Couscous	Salade paysanne au crottin de chèvre
— Fromage		Reblochon + pain					
— Dessert	Clafoutis aux groseilles	Citron givré		Milk-shake à la fraise		Sultan au chocolat	
Points	(3)	(5)	(2)	(3)	(2)	(4)	(2)
TOTAL DES POINTS DE LA JOURNÉE	**8**	**9**	**8**	**8**	**7**	**8**	**8**

Programme à 10 points (exemple d'une semaine de menus)

	LUNDI	MARDI	MERCREDI	JEUDI	VENDREDI	SAMEDI	DIMANCHE
Petit déjeuner	Darjeeling	Darjeeling	Chocolat	Week-end	Continental	À la suédoise	Darjeeling
Points	2	2	2	3	2	2	2
Déjeuner							
— Entrée	Saumon fumé + pain de seigle	Salade mexicaine			Soupe de potiron	Salade de poisson en escabèche	
— Plat	Bœuf bourguignon		Paella	Couscous	Langue de veau aux haricots bretons	Salade paysanne au crottin de chèvre	Cassolette de noix de pétoncles
— Fromage	Beaufort + pain au son	Petit-suisse					Comté + baguette + salade verte
— Dessert		Fruit	Poire pochée sauce chocolat	Sultan au chocolat		Crème douce à la vanille	Indulgent au café
Points	4	3	4	4	3	3	5
Dîner							
— Entrée	Soupe verte	Sardine à la tomate	Melon + jambon de Parme		Huîtres gratinées à la forestière	Flan de courgettes	
— Plat	Blanc de volaille aux poireaux	Gratin de riz et aubergines	Cabillaud sauce cressonnette	Salade composée	Lasagnes de la mer	Pâtes au chou et jambon cru	Salade mexicaine
— Fromage		Munster + pain de seigle + salade verte	Yaourt nature		Camembert + pain complet		
— Dessert	Mousse au chocolat		Fruit	Milk-shake	Mousse de fraises	Gâteau de semoule au kiwi	
Points	4	4	4	3	6	5	2
TOTAL DES POINTS DE LA JOURNÉE	**10**	**9**	**11**	**10**	**11**	**10**	**9**

Programme à 12 points (exemple d'une semaine de menus)

	LUNDI	MARDI	MERCREDI	JEUDI	VENDREDI	SAMEDI	DIMANCHE
Petit déjeuner	Chocolat	À l'américaine	À la suédoise	Chocolat	Campagnard	Week-end	Week-end
Points	3	2	2	3	3	3	3
Déjeuner							
— Entrée	Aspic de crabe		Salade samouraï	Courgettes farcies	Salade fantaisie	Assiette de crudités + baguette	Mousseline de saumon au cognac
— Plat	Paella	Choucroute	Yassa de Pintade	Couscous	Œufs pochés florentins	Bœuf Strogonoff	Filet de sole à l'avocat
— Fromage			Yaourt	Munster + pain complet		Reblochon + salade verte + pain complet	
— Dessert		Tarte au citron	Fruit	Cheese-cake aux pêches		Sorbet	Aumônière de fruits
Points	4	4	5	6	3	5	5
Dîner							
— Entrée	Mousse de carottes	Pamplemousse + sucre	Minestrone	Soupe de moules au pistou	Salade Aïda	Taboulé de fruits de mer	Tartare de légumes
— Plat	Andouillette mareyeur	Filet de rouget à l'étuvée d'endives	Foie de veau au paprika	Lasagnes de la mer	Riz campagnard	Épaule de veau milanaise	
— Fromage	Brie + pain complet			Yaourt	Tome + pain de seigle		Roquefort + salade verte + baguette
— Dessert	Gratin de fruits frais	Flan de pommes vertes	Miroir aux fruits	Fruits	Flan aux bananes caramélisées	Pêches au vin rouge	Fruits
Points	5	4	5	5	6	5	3
TOTAL DE POINTS DE LA JOURNÉE	**12**	**10**	**12**	**14**	**12**	**13**	**11**

Quel que soit le programme que vous choisirez, retenez les conseils suivants afin de rendre votre programme plus agréable, plus efficace et plus sain :

Centrez votre quotidien alimentaire sur trois éléments : le petit déjeuner, le plat complet du midi, le plat complet du soir.

Lorsque cela vous arrange, remplacez le plat complet par une ou deux entrées, ou par une entrée et un laitage (voir p. 275 et 276).

Si vous avez faim entre deux repas : consommez le laitage, le pain ou le fruit que vous aviez prévu à l'un des repas de la journée : ainsi, vous conserverez mieux votre punch et votre bonne humeur.

Le calcium est important pour la croissance puis pour la bonne santé des os : pensez à prendre quotidiennement au moins deux laitages (y compris celui du petit déjeuner). Et si vous ne les appréciez pas vraiment, demandez conseil à votre médecin ou à un(e) diététicien(ne) : la solution pour sauvegarder vos os passera sans doute par les comprimés de calcium.

Jonglez avec les points selon vos goûts et les opportunités :

◆ D'un jour à l'autre : par exemple, dans le cadre d'un programme quotidien à 10 points, alternez, si cela vous convient mieux, des journées à 8 points avec d'autres à 12, ou 9 avec 11 : le chiffre de votre programme ne représente ici qu'une moyenne quotidienne sur la semaine.

◆ D'un repas à l'autre par exemple : une journée à 10 points peut correspondre à :

• un petit déjeuner à 3 points
+ un déjeuner à 4 points
+ un dîner à 3 points

ou à :

• un petit déjeuner à 2 points
+ un déjeuner à 2 points
+ un dîner à 6 points.

(Ce dernier cas de figure sera particulièrement adapté si vous avez prévu un dîner de fête en famille ou entre amis.)

◆ D'un plat à l'autre : par exemple, vous pouvez réaliser un déjeuner à 4 points de diverses manières :

• un plat principal gourmand à 3 points
+ un dessert sage à 1 point

ou :

• une entrée sage à 1 point
+ un plat principal sage à 2 points
+ un dessert sage à 1 point

ou :

• une entrée gourmande à 2 points
+ un fromage sage à 1 point
+ un dessert sage à 1 point.

◆ Les week-ends, suivez votre rythme. Et si vous profitez d'une grasse matinée, remplacez le classique « trois repas par jour » par :

• un brunch (ou un déjeuner léger)
+ un dîner (ou un goûter-dîner).

Il vous sera ainsi d'autant plus facile d'effacer sur la balance l'éventuel dîner festin de la veille.

LES RECETTES DU CHEF

Chef au restaurant de l'hôtel Savoy à Brides-les-Bains, Patrick Clavé a mis toute son expérience et son imagination dans la confection de ces recettes. Selon les cas, celles-ci vous proposent une vue nouvelle sur des plats traditionnels ou vous invitent à découvrir des plats originaux.

Avec l'assistance d'Isabelle Revol et Valérie Gebin, diététiciennes à Brides-les-Bains, Patrick Clavé a concocté des recettes qui faciliteront votre objectif minceur tout en vous permettant de manger copieusement et de garder la santé. Ces recettes répondent aux critères du « bien manger », et plus précisément aux recommandations visualisées sous la forme de la « pyramide gastronomique » (voir p. 48 à 54). Quelle que soit sa corpulence, chaque membre de la famille pourra donc en bénéficier.

Pour ceux d'entre vous qui opteront pour un programme minceur à points fondé sur le plat complet (voir p. 121 à 133), nous avons attribué à chaque recette un nombre de points allant de un à trois. Ce nombre est visualisé avant le titre de chaque recette par un nombre équivalent de •. Par exemple, la recette p. 214 s'intitule •• Lentilles à la dijonnaise, ce qui signifie qu'elle est à deux points.

Vous disposez de trois types d'entrées : entrées chaudes, entrées froides, salades composées. Les entrées peuvent servir de plat principal complet lorsque cela vous arrange. Ce sera sans doute le cas en été, période où l'on apprécie souvent de remplacer un plat principal chaud par une ou deux entrées. Vous prendrez alors soit une entrée à deux points (par exemple, une salade mexicaine ou un taboulé de fruits de mer), soit deux entrées à un point (par exemple un aspic de crabe et une salade fantaisie). Un seul impératif : que votre repas vous apporte au moins 17 g de protéines (ou protides) afin que vous restiez en forme. Référez-vous à la valeur nutritionnelle par portion indiquée avec chaque recette. Par exemple, la salade paysanne au chèvre chaud (19 g de protides par portion) peut constituer votre plat principal, de même que l'association courgette farcie (7 g de protides) + salade princesse (13 g de protides) : 7 g + 13 g = 20 g. Votre apport en protéines sera donc suffisant. En revanche, ne vous contentez pas d'une salade exotique (5 g de protéines) + une tomate farcie au roquefort (6 g de protéines) : 5 g + 6 g = 11 g. L'apport protéique serait trop faible.

Chaque plat principal répond aux critères du plat complet. Chacun peut donc vous suffire en guise de repas. Certains comprennent du poisson, d'autres de la viande et trois recettes vous proposent même un plat complet végétarien.

Pour l'entrée ou le plat principal, goûtez avant de servir afin de rectifier l'assaisonnement (c'est-à-dire ajouter sel, poivre ou condiments) selon vos goûts.

Pour agrémenter vos entrées ou votre plat principal, les sauces présentées par le chef complètent celles de la deuxième partie, «Bien cuisiner pour bien manger».

Dans le cadre de votre menu minceur, certains desserts sont à préparer avec du sucre de table, d'autres avec un édulcorant intense de table, d'autres enfin avec un édulcorant intense de cuisson qui supporte la chaleur (cuisson à haute température). Si vous n'avez pas de problèmes de poids et que vous préférez le sucre aux édulcorants intenses, vous pouvez effectuer le changement dans vos recettes dose pour dose (une cuillère à soupe de sucre remplacera alors une cuillère à soupe d'édulcorant).

Abréviations utilisées dans les recettes :

l = litre
dl = décilitre
cl = centilitre
ml = millilitre
kg = kilogramme
g = gramme
cm = centimètre
mm = millimètre
h = heure
mn = minute

100 ml = 10 cl = 1 dl = 1/10 l

Une cuillère à soupe a une contenance d'environ :

10 ml lorsqu'elle est rase
20 ml lorsqu'elle est bombée

La contenance des verres habituels varie de 100 à 200 ml. Mesurez celle du votre avant de vous en servir pour doser les volumes de vos ingrédients liquides.

Les entrées chaudes

• Soupe de moules au pistou

4 personnes

Temps de préparation
30 mn
Temps de cuisson total
20 mn

1 kg de moules
100 ml de vin blanc
1 échalote
1/2 l de fumet de poisson (voir p. 231)
150 g de carottes
150 g de navets
150 g de haricots verts
20 g de pâtes crues
2 cuillères à soupe de basilic haché
1 cuillère à soupe d'huile d'olive
2 gousses d'ail
Sel, poivre

Valeur nutritionnelle par portion
- Protéines 15 g
- Glucides 13 g
- Lipides 5 g

Calories 151

PRÉPARATION DES MOULES
- Nettoyer et laver les moules.
- Éplucher et hacher l'échalote.
- Mettre les moules avec l'échalote hachée et le vin blanc dans une casserole.
- Les faire cuire à couvert sur un feu vif jusqu'à ce qu'elles soient ouvertes.
- Égoutter les moules et filtrer le jus à travers un filtre à café afin d'enlever le sable.
- Décortiquer les moules.

PRÉPARATION DE LA GARNITURE
- Cuire les pâtes à l'eau bouillante.
- Nettoyer et éplucher les légumes.
- Couper les carottes et les navets en petits cubes de 5 mm de côté.
- Cuire les dés de légumes à l'eau bouillante en les gardant un peu croquants.
- Cuire les haricots verts à l'eau bouillante puis les couper en tronçons de 5 mm.

PRÉPARATION DU PISTOU
- Piler très finement le basilic avec l'ail et l'huile d'olive.

PRÉPARATION DE LA SOUPE
- Mettre dans une casserole le jus de moule et le fumet de poisson.
- Porter le tout à ébullition pendant 2 minutes.
- Ajouter les dés de légumes et laisser mijoter 3 minutes.
- Ajouter les pâtes et les moules et laisser reprendre l'ébullition puis arrêter.
- Au moment de servir ajouter le pistou.

•• Minestrone

4 personnes

Temps de préparation
30 mn + 12 h trempage
Temps de cuisson total
1 h 10

200 g de carottes
200 g de blancs de poireaux
150 g de courgettes
300 g de tomates
200 g de céleri branche
100 g de poivrons rouges
1 gousse d'ail
100 g de petits pois
100 g de haricots blancs crus
2 cuillères à soupe d'huile d'olive
40 g de parmesan
80 g de pâtes alimentaires crues (coquillettes ou macaroni)
2 cuillères à soupe de basilic haché

Valeur nutritionnelle par portion
- Protéines 16 g
- Glucides 43 g
- Lipides 8 g

Calories 304

PRÉPARATION DE LA GARNITURE
- Mettre à tremper les haricots blancs dans de l'eau froide pendant 12 heures.
- Laver et éplucher tous les légumes.
- Émincer les oignons.
- Ébouillanter les tomates afin de les éplucher plus facilement.
- Couper tous les légumes en dés de 1 cm.
- Mixer le basilic avec la gousse d'ail et l'huile d'olive puis laisser mariner.

CUISSON DU MINESTRONE
- Dans une cocotte anti-adhésive faire revenir l'oignon émincé pendant 3 minutes.
- Ajouter le poireau et le céleri et laisser cuire 3 minutes.
- Ajouter les carottes, les haricots secs et le poivron.
- Couvrir et laisser cuire 50 minutes.
- Saler seulement après la cuisson des haricots.
- Ajouter ensuite les tomates, les courgettes, les petits pois et les pâtes et compter encore 15 minutes de cuisson.

FINITION DU MINESTRONE
- Rectifier l'assaisonnement.
- Au moment de servir, ajouter la marinade de basilic et le parmesan râpé.

• Bisque de langoustines

4 personnes

Temps de préparation
15 mn
Temps de cuisson total
45 mn

1 kg de langoustines
100 g d'oignons
100 g de poireaux
50 g de carottes
50 g de concentré de tomate
200 ml de vin blanc
20 ml de Cognac
20 g de maïzena (voir p. 68)
50 g de crème allégée à 15 %
Sel et poivre

Valeur nutritionnelle par portion
- ◆ Protéines 14 g
- ◆ Glucides 13 g
- ◆ Lipides 4 g

Calories 146

PRÉPARATION DE LA GARNITURE
- Laver et éplucher tous les légumes.
- Les émincer grossièrement.
- Laver les langoustines.

CUISSON DE LA BISQUE
- Dans une casserole faire revenir à sec les langoustines pendant 3 minutes.
- Ajouter les légumes, le concentré de tomate et laisser revenir 2 minutes.
- Avec un rouleau à pâtisserie écraser légèrement les langoustines afin qu'elles diffusent mieux leur arôme dans la bisque.
- Déglacer avec le Cognac et le vin blanc.
- Laisser réduire 5 minutes.
- Mouiller avec 2 litres d'eau chaude ou de fumet de poisson.
- Saler et poivrer légèrement.
- Laisser cuire sur feu doux 30 minutes à découvert.

FINITION DE LA BISQUE
- En fin de cuisson passer la bisque au mixeur puis dans une passoire très fine ou bien un chinois en s'aidant d'une louche afin de presser les carcasses pour bien en sortir tout le jus.
- Mélanger la maïzena avec la crème.
- Porter la bisque à ébullition, ajouter la crème et laisser bouillir 2 à 3 minutes.
- Rectifier l'assaisonnement.

• Crème vichyssoise

4 personnes

Temps de préparation
15 mn
Temps de cuisson total
35 mn

100 de céleri rave
100 g de poireaux
200 g de tomates
400 g de carottes
50 g de crème allégée à 15 %
40 g de riz cru
1 cuillère à soupe de persil haché
Sel et poivre

Valeur nutritionnelle par portion
◆ Protéines 3 g
◆ Glucides 21 g
◆ Lipides 3 g

Calories 127

PRÉPARATION DE LA GARNITURE
• Laver et éplucher tous les légumes.
• Émincer grossièrement les légumes.

CUISSON DE LA CRÈME
• Mettre tous les légumes dans une casserole.
• Mouiller avec 1,5 litre d'eau chaude ou bien de bouillon de volaille (voir p. 230).
• Saler et poivrer légèrement.
• Porter le tout à ébullition.
• Au bout de 10 minutes de cuisson ajouter le riz.
• Continuer la cuisson sur un feu doux pendant 20 minutes à couvert.

FINITION DE LA CRÈME
• En fin de cuisson passer la crème au mixer.
• Ajouter la crème fraîche et rectifier l'assaisonnement.
• Saupoudrer avec le persil haché.

• Soupe de potiron

4 personnes

Temps de préparation
15 mn
Temps de cuisson total
2 h

800 g de potiron
100 g de blancs de poireaux
150 g de pommes de terre
60 g de haricots secs blancs crus
Sel, poivre

Valeur nutritionnelle par portion

- Protéines 7 g
- Glucides 27 g
- Lipides 1 g

Calories 139

- Cuire les haricots blancs à l'eau froide non salée pendant 1 h 30, ou 45 minutes à la cocotte minute.
- En fin de cuisson égoutter les haricots blancs.
- Pendant ce temps couper le potiron en gros morceaux.
- Éplucher et couper les pommes de terre.
- Laver et émincer les blancs de poireaux.
- Placer tous les légumes dans une marmite.
- Ajouter un demi-litre d'eau ou de bouillon de volaille (voir p. 230).
- Saler et poivrer légèrement.
- Laisser cuire à couvert 30 à 40 minutes.
- Mixer le potage et rectifier l'assaisonnement.
- Ajouter les haricots blancs dans le potage et servir.

• Soupe verte

4 personnes

Temps de préparation
20 mn
Temps de cuisson total
40 mn

300 g d'épinards
150 g de courgettes
5 à 6 feuilles de laitue
10 feuilles d'oseille
150 g de blancs
de poireau
100 g d'oignons
250 g de pommes
de terre
40 g de crème allégée
à 15 %
Quelques brins de persil
Sel, poivre

Valeur nutritionnelle
par portion

- ◆ Protéines 5 g
- ◆ Glucides 21 g
- ◆ Lipides 3 g

Calories 123

PRÉPARATION DE LA GARNITURE

- Laver tous les légumes.
- Couper la courgette en rondelles.
- Équeuter les épinards, l'oseille et le persil.
- Éplucher et couper les pommes de terre en morceaux.

CUISSON DE LA SOUPE

- Mettre tous les légumes dans une cocotte avec 1 litre d'eau.
- Saler et poivrer légèrement.
- Couvrir et laisser cuire 40 minutes.

FINITION DE LA SOUPE

- Mixer très finement la soupe.
- Ajouter la crème.
- Rectifier l'assaisonnement.

Note : On peut ajouter au dernier moment trois ou quatre feuilles d'oseille ciselée.

• Courgette farcie

4 personnes

Temps de préparation
10 mn
Temps de cuisson total
30 mn

600 g de courgettes
20 g de fromage râpé
80 g de mie de pain
3 jaunes d'œufs
50 ml de lait 1/2 écrémé
1 gousse d'ail
20 ml de vin blanc

Valeur nutritionnelle par portion

- ◆ Protéines 7 g
- ◆ Glucides 17 g
- ◆ Lipides 6 g

Calories 146

PRÉPARATION DU PLAT

- Plonger les courgettes dans de l'eau bouillante salée pendant 10 minutes.
- Les mettre à refroidir dans un récipient rempli d'eau.
- Les couper en deux dans le sens de la longueur.
- Retirer les grains à l'aide d'une petite cuillère et saler légèrement.
- Faire tremper la mie de pain dans le lait et le vin blanc mélangés.

DRESSAGE ET CUISSON DES COURGETTES

- Mélanger la mie de pain, les jaunes d'œufs battus, l'ail pilé.
- Saler, poivrer et ajouter un peu de noix de muscade.
- Garnir les courgettes avec la farce.
- Disposer les courgettes dans un plat à gratin.
- Les mettre à cuire pendant 20 minutes au four à 180°.

• Flan de courgettes

4 personnes

Temps de préparation
10 mn
Temps de cuisson total
35 mn

600 g de courgettes
3 œufs
80 g de jambon blanc
150 ml de lait écrémé
40 g de fromage râpé
Sel, poivre

Valeur nutritionnelle par portion
- ◆ Protéines 15 g
- ◆ Glucides 6 g
- ◆ Lipides 8 g

Calories 156

PRÉPARATION DE GARNITURE
- Laver et couper les courgettes en rondelles.
- Les faire cuire 5 minutes à la vapeur puis bien les égoutter.
- Couper le jambon en dés.

CUISSON DU FLAN
- Disposer les rondelles de courgettes et le jambon dans un plat à gratin.
- Dans un saladier battre les œufs et le lait.
- Saler et poivrer le mélange et le verser sur les courgettes.
- Saupoudrer de fromage râpé.
- Cuire au four à 180° pendant 30 minutes.

• Huîtres gratinées à la forestière

4 personnes

Temps de préparation
40 mn
Temps de cuisson total
30 mn

24 huîtres n° 3
400 g de champignons de Paris
40 g d'échalotes
30 g de crème allégée à 15 %
1/4 l de fumet de poisson (voir p. 231)
10 g de maïzena (voir p. 68)
2 jaunes d'œufs

Valeur nutritionnelle par portion
- Protéines 12 g
- Glucides 14 g
- Lipides 6 g

Calories 157

PRÉPARATION DES HUÎTRES
- Ouvrir les huîtres.
- Retirer la chair en sectionnant le pied de l'huître.
- Égoutter les huîtres dans une petite passoire au-dessus d'un bol afin de récupérer le jus.

PRÉPARATION DE LA DUXELLE
- Éplucher et hacher l'échalote.
- Nettoyer les champignons de Paris dans deux ou trois eaux pour bien enlever le sable.
- Hacher les champignons grossièrement.
- Mettre les champignons et l'échalote dans une casserole avec un quart de verre d'eau.
- Mettre à cuire jusqu'à l'évaporation complète de l'eau de végétation, saler légèrement.
- Passer les champignons au mixeur.

PRÉPARATION DE LA SAUCE
- Faire réduire le jus des huîtres et le fumet jusqu'à ce qu'il ne vous en reste qu'un quart de litre.
- Ajouter la crème, laisser cuire 1 à 2 minutes puis lier avec la maïzena diluée avec une cuillère à soupe d'eau (ou de fumet froid).
- Mettre les 2 jaunes d'œufs dans une petite casserole avec 1 cuillère d'eau (ou de fumet).
- Monter les jaunes en sabayon avec un fouet soit en mettant la casserole au bain-marie soit sur un feu très doux.

Note : Surtout, il faut surveiller la chaleur de la casserole, qui ne doit pas dépasser 70° ; pour cela, sortir la casserole du chaud ou la remettre suivant la température tout en continuant à fouetter.

- Quand les jaunes sont bien onctueux, sortir la casserole du feu et continuer à fouetter encore un peu pour faire tomber la température afin que les jaunes ne cuisent pas trop.
- Mélanger le sabayon avec la sauce.

DRESSAGE DES HUÎTRES

- Disposer les coquilles d'huîtres sur une plaque passant au four.

Note : pour que les coquilles restent bien à plat, mettre du gros sel au fond de la plaque.

- Garnir les coquilles d'huîtres avec la duxelle.
- Poser une huître dans chaque coquille.
- Passer les huîtres 2 minutes sous le gril du four afin de faire chauffer la coquille et cuire les huîtres.
- Napper avec la sauce puis les faire gratiner au gril en surveillant pour que cela ne brûle pas.

Les entrées froides

•• Taboulé de fruits de mer

4 personnes

Temps de préparation
40 mn
Temps de cuisson total
10 mn

INGRÉDIENTS DU TABOULÉ
160 g de semoule à couscous
100 g de tomates
100 g de concombre
100 g de poivron
100 ml de jus de citron
1 cuillère à soupe d'huile d'olive
1 cuillère à soupe de menthe hachée

INGRÉDIENTS DES FRUITS DE MER
100 g d'encornets
100 g de moules décortiquées
100 g de crevettes décortiquées
1 citron
100 g de tomates
1 cuillère à soupe de basilic haché
1 cuillère à soupe d'huile d'olive
Sel, poivre

Valeur nutritionnelle par portion
◆ Protéines 21 g
◆ Glucides 38 g
◆ Lipides 7 g

Calories 299

PRÉPARATION DU TABOULÉ LA VEILLE
- Éplucher et épépiner le concombre.
- Épépiner le poivron.
- Couper tous les légumes en petits cubes de 3 mm.
- Dans un saladier mélanger la semoule avec tous les légumes, la menthe, le jus de citron, l'huile d'olive et ajouter 100 ml d'eau.
- Saler et poivrer.
- Laisser gonfler la semoule 10 minutes puis remuer avec une spatule afin d'égrener la semoule.
- Placer au réfrigérateur.

PRÉPARATION DES FRUITS DE MER
- Faire pocher les encornets à l'eau bouillante pendant 10 minutes puis les couper en lanières.
- Peler les citrons en enlevant aussi la peau blanche.
- Couper les citrons et les tomates en petits cubes de 5 mm.
- Mélanger les fruits de mer avec les dés de citron et de tomate, le basilic et l'huile d'olive.
- Saler et poivrer.
- Laisser mariner au moins 2 heures au réfrigérateur.

DRESSAGE DU TABOULÉ
- Vérifier l'assaisonnement du taboulé : si la semoule n'est pas assez gonflée on peut ajouter un peu d'eau.
- Disposer la semoule en couronne sur un plat.
- Mettre les fruits de mer au centre.
- Décorer avec des rondelles de citron et des feuilles de menthe.

• Pâté aux herbes

14 personnes

Temps de préparation
20 mn
Temps de cuisson total
1 h 40

500 g de blanc
de volaille
100 g de jambon blanc
maigre
200 g de langue
de bœuf cuite
(on la trouve cuite
dans le commerce)
150 g de foie de volaille
1 kg d'épinards
2 gousses d'ail
100 g d'oignons
Persil, basilic, estragon
haché : 2 cuillères à
soupe de chaque
200 g de fromage blanc
à 0 %
4 œufs
1/2 l jus de tomate
100 ml de vinaigre
de Xérès

Valeur nutritionnelle par portion

- Protéines 19 g
- Glucides 5 g
- Lipides 5 g

Calories 142

PRÉPARATION DE LA FARCE

- Hacher le blanc de volaille avec une grille fine.
- Couper la langue, le jambon blanc et les foies de volaille en bâtonnets de 1 cm de côté.
- Nettoyer les épinards et les blanchir à l'eau bouillante 1 minute.
- Bien refroidir les épinards puis les presser légèrement afin de sortir le maximum d'eau.
- Hacher l'oignon et les gousses d'ail.
- Faire revenir dans une casserole l'oignon, l'ail et les épinards.
- Ajouter la viande hachée et laisser revenir 5 à 6 minutes.
- Passer le tout au mixeur très finement.

DRESSAGE DE LA TERRINE ET CUISSON

- Faire sauter les bâtonnets de foie de volaille.
- Mélanger la farce avec les foies, le jambon, la langue, les herbes et les œufs.
- Rectifier l'assaisonnement.
- Garnir une terrine de 28 cm de long.
- Mettre la terrine à cuire dans une plaque à rôtir, avec de l'eau au fond, au four (150°) pendant 1 h 30 environ.

FINITION

- Après refroidissement, couper la terrine en tranches.
- Servir la terrine froide accompagnée du jus de tomates additionné du vinaigre de Xérès et du basilic.

• Hure de lapereau

12 personnes

Temps de préparation
30 mn
Temps de cuisson total
1 h 30

1 lapin de 1,2 kg
200 g de carottes
200 g de haricots verts
10 feuilles de gélatine
(voir p. 67)
1/2 l de vin blanc
400 ml de jus de tomate
100 g de cornichons
50 g de câpres
1 cuillère de persil haché
100 ml de vinaigre
de Xérès

GARNITURE AROMATIQUE
100 g de carottes
100 g d'oignons
100 g de poireaux

Valeur nutritionnelle par portion

◆ Protéines	16 g
◆ Glucides	5 g
◆ Lipides	5 g

Calories 126

Note : On peut remplacer les feuilles de gélatine par 25 g de poudre de gelée.

CUISSON DU LAPIN
- Mettre le lapin dans une cocotte avec le vin blanc, la garniture aromatique, le sel et le poivre.
- Compléter avec de l'eau ou bien du bouillon de volaille jusqu'à recouvrir le lapin.
- Porter à ébullition, baisser le feu pour que cela frémisse pendant 1 h 30.
- En fin de cuisson enlever le lapin du bouillon.
- Mettre le bouillon à réduire jusqu'à ce qu'il en reste 1/2 litre.
- Décortiquer le lapin en petits morceaux (surtout ne laissez aucun os).

PRÉPARATION DE LA GARNITURE
- Nettoyer les légumes et tailler les carottes en bâtonnets de la grosseur d'un haricot vert.
- Mettre à cuire dans l'eau bouillante les bâtonnets de carottes et les haricots verts.
- Puis bien les refroidir.

DRESSAGE DE LA TERRINE
- Disposer dans une terrine de 28 cm une couche de viande, les carottes, une autre couche de viande, les haricots verts et finissez avec le restant du lapin.
- Faire dissoudre dans le bouillon de cuisson la gélatine préalablement trempée dans l'eau froide puis verser la gelée dans la terrine et laisser prendre au réfrigérateur pendant au moins une nuit.
- Servir la terrine accompagnée du jus de tomate additionné des câpres, cornichons et persil hachés et assaisonné avec le vinaigre de Xérès, du sel et du poivre.

• Mousse de carotte

4 personnes

Temps de préparation
15 mn
Temps de cuisson total
20 mn

800 g de carottes
50 g de fromage blanc
à 20 %
1 blanc d'œuf
Sel, poivre

Valeur nutritionnelle par portion

- ◆ Protéines 4 g
- ◆ Glucides 15 g
- ◆ Lipides 1 g

Calories 86

PRÉPARATION DE LA MOUSSE

- Éplucher les carottes.
- Couper les carottes en rondelles.
- Cuire les rondelles à l'eau bouillante salée pendant 10 minutes.
- Bien les égoutter et les sécher légèrement dans du papier absorbant.

Note : On peut les passer 5 minutes dans le four à 140°.

- Bien les mixer pour qu'il ne reste plus de morceaux.

MONTAGE ET CUISSON DE LA MOUSSE

- Monter le blanc d'œuf en neige bien ferme.
- Mélanger la purée de carotte, le fromage blanc et le blanc d'œuf en mélangeant délicatement pour ne pas trop casser le blanc.
- Rectifier l'assaisonnement.
- Verser la mousse dans des petits ramequins préalablement légèrement graissés à l'aide d'un papier absorbant trempé dans de l'huile.
- Disposer les ramequins dans une plaque à rôtir avec un peu d'eau au fond (bain-marie).
- Les mettre à cuire dans le four à 150° pendant 10 minutes.

Variante : On peut remplacer les carottes par du céleri rave, du chou-fleur, une courge, etc.

• Aspic de crabe

4 personnes

Temps de préparation
20 mn

250 g de chair de crabe surgelé
300 g de jardinière de légumes
200 ml de fumet de poisson (voir p. 231)
5 feuilles de gélatine (voir p. 67)
100 g de concombres
1 yaourt nature entier
100 ml de jus de tomate
20 ml de vinaigre de Xérès

Valeur nutritionnelle par portion

- ◆ Protéines 16 g
- ◆ Glucides 9 g
- ◆ Lipides 2 g

Calories 119

- Faire de la gelée avec le fumet de poisson et les feuilles de gélatine, préalablement trempées dans de l'eau froide, ou bien avec 12 g de poudre de gelée.
- Mélanger la macédoine de légumes avec la moitié de la chair de crabe.
- Garnir le tour et le fond de 4 ramequins avec le concombre coupé en fines rondelles.
- Mettre le restant du crabe sur les concombres au fond des moules.
- Garnir le restant des moules avec la macédoine.
- Remplir les moules avec la gelée de poisson et les passer au réfrigérateur.
- Mélanger le yaourt, le jus de tomate, le vinaigre de Xérès, le sel et le poivre.
- Démouler le pâté et servir en nappant le tour de l'assiette avec la sauce ainsi obtenue.

• Mousseline de saumon

4 personnes

Temps de préparation
15 mn
Temps de cuisson total
5 mn

200 g de filets de saumon frais ou en conserve au naturel
100 g de fromage blanc à 0 %
2 blancs d'œufs
2 feuilles de gélatine (voir p. 67)
20 ml de Cognac
Jus d'un citron
Sel, poivre

Valeur nutritionnelle par portion
- Protéines 15 g
- Glucides 2 g
- Lipides 5 g

Calories 129

PRÉPARATION DE LA MOUSSE
- Faire pocher le saumon à l'eau.
- Mixer le saumon avec le fromage blanc, le sel, le poivre et le jus de citron de façon à obtenir un mélange homogène.
- Faire tremper les feuilles de gélatine dans de l'eau froide pendant 5 minutes.
- Bien égoutter la gélatine.
- Porter le Cognac à ébullition.
- Sortir le Cognac du feu et y faire dissoudre la gélatine.
- Ajouter ce mélange à la chair de saumon.
- Monter les blancs en neige bien ferme.
- Incorporer délicatement les blancs à la chair de saumon.
- Garnir des ramequins individuels avec la mousse.
- Laisser prendre au réfrigérateur.
- Servir décoré avec quelques rondelles de citron, du persil et des crevettes.

Variante : On peut remplacer le saumon par un autre poisson ou par du jambon ; dans ce dernier cas remplacer le Cognac par du Madère ou du Porto et ne pas mettre de jus de citron.

• Tomates farcies au roquefort

4 personnes

Temps de préparation
20 mn
400 g de tomates
(4 pièces)
100 g de fromage
blanc à 0 %
60 g de roquefort
Sel, poivre

Valeur nutritionnelle par portion

◆ Protéines	6 g
◆ Glucides	4 g
◆ Lipides	5 g

Calories 87

- Laver les tomates et enlever, à l'aide d'un couteau pointu, le pédoncule.
- Couper la partie supérieure de chaque tomate.
- Épépiner les tomates.
- Enlever et couper en cubes le restant de la chair.
- Saler légèrement l'intérieur des tomates.
- Mixer le roquefort avec le fromage blanc.
- Rectifier l'assaisonnement et ajouter les cubes de tomates.
- Farcir les tomates.
- Recouvrir les tomates avec les chapeaux.
- Servir les tomates sur un lit de salade verte.

• Tartare de légumes

4 personnes

Temps de préparation
20 mn

100 g de carottes
100 g de concombre
50 g d'oignons nouveaux
100 g de céleri branche
200 g de tomates
50 g de maïs
100 g de chou-fleur
50 g de riz
1 yaourt nature entier
25 g de crème fraîche allégée à 15 %
50 g de ketchup
1 cuillère de worcestershire sauce (sauce anglaise)
Tabasco, sel, poivre

Valeur nutritionnelle par portion
- ◆ Protéines 5 g
- ◆ Glucides 25 g
- ◆ Lipides 3 g

Calories 150

PRÉPARATION DES LÉGUMES
- Nettoyer et éplucher tous les légumes.
- Épépiner le concombre et les tomates.
- Couper tous les légumes en petits cubes de la grosseur d'un grain de maïs.

DRESSAGE DE LA SALADE
- Dans un saladier mélanger le yaourt, la crème, le ketchup, le vinaigre, la worcestershire sauce, un peu de tabasco, le sel et le poivre.
- Incorporer tous les légumes et bien mélanger.
- Servir le tartare de légumes dans des coupes garnies de feuilles de salade et décorer avec une rondelle de citron.

Les salades composées

•• Salade paysanne au chèvre chaud

4 personnes

Temps de préparation
20 mn
Temps de cuisson total
40 mn

300 g de salade
200 g d'échalotes
180 g de jambon cuit dégraissé
150 g de fromage de chèvre frais (2 crottins)
400 g de pommes de terre
150 g de fromage blanc à 0 %
30 ml de vinaigre
Ciboulette hachée

Valeur nutritionnelle par portion

- Protéines 19 g
- Glucides 32 g
- Lipides 10 g

Calories 294

PRÉPARATION DE LA GARNITURE

- Nettoyer et laver la salade.
- Éplucher et émincer finement les échalotes.
- Couper le jambon en cube.

CUISSON DE LA GARNITURE

- Cuire les pommes de terre à l'eau bouillante salée (avec la peau). Faire revenir dans une poêle anti-adhésive sur un feux très doux les échalotes 10 à 15 minutes à couvert.
- Saler légèrement.
- Éplucher les pommes de terre, les couper en cubes, puis les mettre dans la poêle.
- Ajouter le jambon et laisser cuire 2 à 3 minutes.
- Couper les crottins en deux et les faire gratiner au gril du four 2 à 3 minutes.

DRESSAGE DE LA SALADE

- Mélanger le fromage blanc avec le vinaigre, la ciboulette hachée, le sel et le poivre.
- Assaisonner la salade avec la sauce au fromage blanc.
- Disposer la salade au centre de chaque assiette.
- Répartir dessus la garniture.
- Poser dessus un demi-crottin de chèvre.

• Salade de poisson en escabèche

4 personnes

Temps de préparation
20 mn
Temps de cuisson total
10 mn

320 g de filets de rouget grondin (2 poissons entiers de 300 g)
500 g de tomates
1 cuillère de basilic haché
15 g d'échalotes
1 cuillère à soupe de vinaigre
100 ml de vin blanc
1 cuillère à soupe d'huile d'olive
300 g d'endives

Valeur nutritionnelle par portion

- ◆ Protéines 16 g
- ◆ Glucides 8 g
- ◆ Lipides 6 g

Calories 152

PRÉPARATION DU POISSON

- Couper les filets en 12 petites escalopes.

PRÉPARATION DE L'ESCABÈCHE

- Peler les tomates en les trempant 10 secondes dans de l'eau bouillante puis aussitôt dans de l'eau froide (après la peau s'enlèvera toute seule).
- Épépiner les tomates puis les couper en dés de 5 mm.
- Éplucher et hacher l'échalote.
- Faire revenir l'échalote dans une casserole avec l'huile d'olive 2 minutes.
- Ajouter les dés de tomate et laisser cuire 3 minutes.
- Ajouter le vin blanc, le vinaigre, le basilic et laisser mijoter 5 minutes.

CUISSON DU POISSON

- Mettre les escalopes de poisson dans un plat à gratin bien à plat sans les superposer.
- Verser la sauce bouillante dessus et recouvrir le plat avec du papier d'aluminium.
- Laisser le plat refroidir hors du réfrigérateur (le poisson cuit grâce à la chaleur de la sauce) puis passer 1 heure au réfrigérateur.

DRESSAGE DE LA SALADE

- Dresser au milieu de l'assiette un dôme d'endives.
- Disposer autour les morceaux de poisson.
- Napper les poissons avec la sauce.
- Pour décorer, ajouter des rondelles de citron.

•• Salade napolitaine

4 personnes

Temps de préparation
15 mn
Temps de cuisson total
10 mn

100 g de pâtes crues (torsades de couleur)
160 g de thon au naturel
250 g de tomates
50 g d'oignons
100 g de maïs doux
100 g de fromage blanc à 0 %
50 g de moutarde
2 cuillères à soupe d'huile d'olive
1 cuillère de basilic haché
100 g d'endives

Valeur nutritionnelle par portion
- ◆ Protéines 19 g
- ◆ Glucides 29 g
- ◆ Lipides 12 g

Calories 299

PRÉPARATION DE LA SALADE
- Faire cuire les pâtes à l'eau bouillante salée.
- Bien les refroidir à la fin de la cuisson en les passant sous l'eau froide.
- Nettoyer et séparer les feuilles d'endives.
- Émietter le thon.
- Hacher très finement l'oignon.
- Couper les tomates en dés.

DRESSAGE DE LA SALADE
- Mélanger le fromage blanc, la moutarde, l'huile d'olive, le basilic haché puis saler et poivrer.
- Mélanger les pâtes, le thon, la tomate, le maïs et l'oignon dans un saladier.
- Ajouter la sauce au fromage blanc au mélange précédent.
- Disposer les feuilles d'endives sur le tour d'un plat.
- Mettre la salade au milieu.
- On peut décorer avec des feuilles de basilic.

• Salade princesse

4 personnes

Temps de préparation
15 mn
Temps de cuisson total
10 mn

200 g de haricots verts
200 g de fenouil
200 g de céleri branche
200 g de concombres
160 g de jambon blanc
200 g de salade
100 ml de sauce yaourt
(voir p. 225)
1 cuillère de menthe hachée

Valeur nutritionnelle par portion
- Protéines 13 g
- Glucides 10 g
- Lipides 4 g

Calories 125

PRÉPARATION DES LÉGUMES
- Nettoyer et laver tous les légumes.
- Cuire les haricots verts à l'eau bouillante salée.
- Épépiner les concombres.
- Émincer finement le fenouil, le céleri et le concombre.
- Couper le jambon en petits bâtonnets.

DRESSAGE DE LA SALADE
- Mélanger la sauce au yaourt avec la menthe hachée.
- Disposer la salade dans un saladier ou bien dans quatre petits bols.
- Disposer dessus les légumes émincés.
- Napper avec la sauce.
- Poser dessus les haricots verts et les bâtonnets de jambon.

• Salade Aïda

4 personnes

Temps de préparation
20 mn
Temps de cuisson total
15 mn

200 g de betteraves rouges cuites
200 g de pommes
150 g de champignons de Paris
160 g de foies de volailles
100 g d'oignons
200 g de salade
100 ml de sauce yaourt (voir p. 225) au vinaigre de cidre

Valeur nutritionnelle par portion

- Protéines 12 g
- Glucides 17 g
- Lipides 3 g

Calories 148

PRÉPARATION DE LA GARNITURE

- Trier et laver la salade et les champignons de Paris.
- Éplucher les betteraves rouges, les pommes et l'oignon.
- Couper les pommes et les betteraves en petits bâtonnets de 3 mm.
- Émincer les champignons.

CUISSON DES FOIES DE VOLAILLES

- Émincer les oignons très finement.
- Couper les foies en 4 ou 5 morceaux.
- Dans une poêle anti-adhésive faire revenir les oignons pendant 5 minutes.
- Ajouter les foies de volaille et laisser cuire 10 minutes.
- En fin de cuisson déglacer la poêle avec du vinaigre de cidre.

DRESSAGE DE LA SALADE

- Disposer la salade dans un saladier ou bien dans quatre petits bols.
- Mettre sur la salade les betteraves, les pommes et les champignons de Paris.
- Napper avec la sauce.
- Poser dessus les foies de volailles avec les oignons chauds.
- Décorer avec des herbes hachées au choix (persil, ciboulette, basilic...).

• Salade caprice

4 personnes

Temps de préparation
20 mn

50 g de maïs doux
200 g de poivrons verts
150 g de champignons de Paris
200 g de tomates
50 g de cornichons
100 g de langue de bœuf cuite (déjà cuite dans le commerce)
200 g de salade
100 g de mayonnaise allégée (voir p. 224)

Valeur nutritionnelle par portion
- ◆ Protéines 9 g
- ◆ Glucides 11 g
- ◆ Lipides 7 g

Calories 143

PRÉPARATION DE LA GARNITURE
- Nettoyer et laver la salade et les champignons de Paris.
- Couper le poivron, la tomate et la langue de bœuf en petits cubes de la grosseur d'un grain de maïs.
- Émincer les champignons et les cornichons.

DRESSAGE DE LA SALADE
- Disposer la salade dans un saladier ou bien dans quatre petits bols.
- Mélanger tous les légumes dans un saladier.
- Incorporer la mayonnaise aux légumes.
- Disposer ce mélange sur la salade.
- Décorer avec des herbes hachées au choix (persil, ciboulette, basilic...).

• Salade samouraï

4 personnes

Temps de préparation
20 mn
Temps de cuisson total
15 mn

80 g de crevettes décortiquées
80 g de chair de crabe
120 g de pousses de bambou
120 g de germes de soja
200 g de brocoli
200 g de tomates
50 g de maïs
200 g de salade
2 cuillères à soupe de sauce soja
100 ml de sauce yaourt (voir p. 225)

Valeur nutritionnelle par portion
- ◆ Protéines 16 g
- ◆ Glucides 12 g
- ◆ Lipides 3 g

Calories 134

PRÉPARATION DE LA GARNITURE
- Nettoyer et laver la salade.
- Cuire les fleurs de brocoli à l'eau bouillante salée en les maintenant craquantes.
- Refroidir le brocoli à la fin de la cuisson.
- Couper les tomates en cubes de la grosseur du maïs.

DRESSAGE DE LA SALADE
- Disposer la salade dans un saladier ou bien dans quatre petits bols.
- Mélanger le maïs, la chair de crabe, les germes de soja, les pousses de bambou et les dés de tomate.
- Disposer le mélange sur la salade.
- Napper avec la sauce yaourt additionnée de la sauce soja.
- Décorer la salade avec les fleurs de brocoli et les crevettes.

• Salade exotique

4 personnes

Temps de préparation
20 mn

100 g d'ananas
50 g de maïs
200 g de tomates
100 g de germes de soja
80 g d'avocats
100 g de mangues
100 g de pamplemousses
200 g de salade
100 ml de sauce yaourt
(voir p. 225) au jus
de citron

Valeur nutritionnelle par portion
- ◆ Protéines 5 g
- ◆ Glucides 17 g
- ◆ Lipides 6 g

Calories 144

PRÉPARATION DE LA GARNITURE
- Nettoyer et laver la salade.
- Couper la tomate en quartiers.
- Éplucher le pamplemousse à vif et lever les quartiers.
- Éplucher l'ananas, la mangue et l'avocat.
- Les couper en cubes.

DRESSAGE DE LA SALADE
- Disposer la salade dans un saladier ou bien dans quatre petits bols.
- Mélanger tous les ingrédients sauf la tomate.
- Disposer le mélange sur la salade.
- Napper avec la sauce.
- Décorer avec les quartiers de tomates.

• Salade fantaisie

4 personnes

Temps de préparation
20 mn
Temps de cuisson total
20 mn

80 g de thon au naturel
200 g de tomates
40 g de maïs
150 g de champignons de Paris
100 g de cœurs de palmier
150 g de pommes de terre
200 g de salade
100 ml de vinaigrette de légumes (voir p. 229)

Valeur nutritionnelle par portion

- Protéines 10 g
- Glucides 18 g
- Lipides 3 g

Calories 144

PRÉPARATION DE LA GARNITURE

- Cuire les pommes de terre en robe des champs (cuites avec la peau).
- Nettoyer et laver la salade.
- Couper les tomates en fines rondelles.
- Couper les cœurs de palmier et les pommes de terre en rondelles.
- Laver et émincer les champignons de Paris.

DRESSAGE DE LA SALADE

- Disposer la salade dans un saladier ou bien dans quatre petits bols.
- Disposer les rondelles de tomate en couronne autour du saladier.
- Mettre en cercle les autres ingrédients en commençant par les champignons puis les pommes de terre et enfin les cœurs de palmier.
- Mettre au centre le thon émietté.
- Napper avec la sauce.
- Parsemer le maïs sur la salade.

•• Salade mexicaine

4 personnes

Temps de préparation
15 mn

200 g de thon au naturel
100 g de poivrons verts
450 g de tomates
100 g de haricots rouges cuits
50 g d'oignons
350 g de maïs
100 g de salade
100 ml de sauce yaourt
(voir p. 225)

Valeur nutritionnelle par portion
- Protéines 22 g
- Glucides 30 g
- Lipides 10 g

Calories 296

PRÉPARATION DE LA GARNITURE
- Nettoyer et laver la salade.
- Couper les tomates en quartiers.
- Couper le poivron en fines lanières.
- Émincer finement l'oignon.

DRESSAGE DE LA SALADE
- Disposer la salade sur un plat de service ou bien sur quatre assiettes.
- Mélanger le thon émietté, les haricots rouges, le poivron et le maïs.
- Mettre le mélange au centre de la salade.
- Ranger autour les quartiers de tomates.
- Napper avec la sauce.
- Parsemer l'oignon émincé dessus.

• Salade de chou

4 personnes

Temps de préparation
20 mn

100 g de salade frisée
200 g de pommes Grany Smith
400 g de chou chinois
100 g de fenouils
100 g de chou-fleur
150 ml de sauce au roquefort (voir p. 228)

Valeur nutritionnelle par portion

- ◆ Protéines 4 g
- ◆ Glucides 11 g
- ◆ Lipides 5 g

Calories 107

PRÉPARATION DE LA GARNITURE

- Nettoyer et laver tous les légumes.
- Émincer le chou chinois en fines lanières.
- Peler et épépiner la pomme.
- Râper la pomme avec une grille assez grosse.
- Émincer finement le fenouil.
- Couper le chou-fleur en petits morceaux et le laisser cru.

DRESSAGE DE LA SALADE

- Disposer les feuilles de salade sur le tour d'un saladier.
- Mettre le reste des légumes au centre du saladier.
- Napper avec la sauce au roquefort.

•• Salade de lentilles au haddock

4 personnes

Temps de préparation
10 mn
Temps de cuisson total
50 mn

200 g de lentilles
100 g d'oignons
200 g de filets de haddock
1 cuillère à soupe de moutarde
1 cuillère à soupe de vinaigre
3 cuillères à soupe d'huile
Sel et poivre

GARNITURE AROMATIQUE
1 oignon
Thym, persil, laurier
1/4 de litre de lait demi-écrémé

Valeur nutritionnelle par portion
- Protéines 24 g
- Glucides 28 g
- Lipides 9 g

Calories 287

CUISSON DES LENTILLES

- Mettre dans une casserole les lentilles, le persil, une branche de thym et une feuille de laurier.
- Recouvrir les lentilles avec deux litres d'eau froide.
- Porter à ébullition.
- Couvrir et laisser cuire 40 à 45 minutes sur feu doux.
- Saler un quart d'heure avant la fin de cuisson.

PRÉPARATION DU HADDOCK

- Mettre le lait et un quart de litre d'eau froide dans une casserole.
- Ajouter le haddock.
- Porter le tout à ébullition et laisser frémir 6 minutes.
- Égoutter le haddock, enlever les arêtes et la peau.
- Couper le haddock en tranches fines.

FINITION DE LA SALADE

- Égoutter les lentilles en enlevant la garniture aromatique.
- Éplucher et émincer l'autre oignon très finement.
- Préparer la vinaigrette en mélangeant l'huile, le vinaigre, la moutarde, sel et poivre.
- Dans un saladier mélanger les lentilles, l'oignon émincé, le haddock et la vinaigrette.

Les poissons

•• Darnes de cabillaud cressonnette

4 personnes

Temps de préparation
50 mn
Temps de cuisson total
60 mn

320 g de cabillaud
2 bottes de cresson
1/2 l de fumet
de poisson (voir p. 231)
50 g de crème allégée
à 15 %

GARNITURE
120 g de semoule
à couscous
600 ml de lait demi-écrémé
20 g de beurre allégé
300 g de tomates
30 g d'oignons

Valeur nutritionnelle par portion
- Protéines 24 g
- Glucides 32 g
- Lipides 8 g

Calories 297

- Enlever les grosses tiges du cresson puis bien le laver.
- Tremper le cresson 30 secondes dans de l'eau bouillante puis le mettre aussitôt dans une grande quantité d'eau froide afin de le faire refroidir et lui conserver sa couleur verte.
- Bien l'égoutter en le pressant légèrement.

PRÉPARATION DE LA GARNITURE
- Faire bouillir le lait légèrement salé, verser la semoule en pluie tout en remuant avec un fouet.
- Laisser cuire pendant 15 à 20 minutes sur un feu doux en surveillant pour que la semoule n'attache pas au fond.
- En fin de cuisson ajouter le beurre puis étendre la pâte sur une plaque recouverte de papier sulfurisé (épaisseur 1 cm) et laisser refroidir (cette préparation peut se faire la veille).
- Couper les tomates en petits cubes, hacher l'oignon puis faire revenir le tout dans une casserole pendant 10 minutes en ajoutant un verre d'eau.

CUISSON DU POISSON
- Faire cuire les tranches de cabillaud avec le fumet de poisson dans un plat à rôtir au four à 180° pendant 15 minutes.
- Récupérer le jus de cuisson et laisser le réduire aux 3/4.

- Mixer le cresson puis ajouter la crème et le jus du poisson : le mélange doit avoir la consistance d'une purée un peu liquide.

FINITION DE LA GARNITURE

- Couper la semoule en carrés de 4 cm, mettre les morceaux dans un plat à gratin.
- Verser dessus le mélange tomates-oignons et passer le plat au four 10 à 15 minutes.
- Mettre la purée de cresson au fond des assiettes, poser dessus les tranches de poisson et servir avec le gratin de semoule.

•• Andouillettes mareyeur

4 personnes

Temps de préparation
35 mn
Temps de cuisson total
40 mn

100 g de filet de saumon
140 g de filet de poisson blanc (merlan, loup, rascasse...)
120 g de filet de rouget
400 g de haricots verts
500 g de pommes de terre

SAUCE
1/4 l de fumet de poisson (voir p. 231)
50 g de crème allégée 15 à 15 %
100 g de chou-fleur
60 g de moutarde à l'ancienne

Valeur nutritionnelle par portion
- Protéines 21 g
- Glucides 30 g
- Lipides 10 g

Calories 292

PRÉPARATION DE BASE
- Cuire les haricots verts et le chou-fleur à la vapeur.
- Cuire les pommes de terre en robe des champs.
- Couper chaque filet de poisson en 6 bâtonnets de 6 cm de long.
- Étaler 4 feuilles de cellofrais sur la table.
- Poser sur chaque feuille 2 bâtonnets de chaque variété de poisson les uns à côté des autres et disposer dessus la moitié des haricots verts.
- Saler et poivrer légèrement.
- Rouler les feuilles afin de faire une sorte de boudin et nouer les bouts en serrant le poisson.
- Faire cuire les andouillettes dans un court-bouillon ou à la vapeur pendant 10 à 15 minutes.

Note : Ce mode de cuisson a pour but de permettre aux poissons de se coller entre eux afin qu'au moment de servir l'andouillette reste entière ; surtout, pendant la cuisson à la vapeur, les saveurs des poissons resteront à l'intérieur et ne seront pas diluées par la vapeur d'eau (pour la cuisson dans le fumet cela a moins d'importance).

PRÉPARATION DE LA SAUCE
- Ajouter le chou-fleur au fumet de poisson et porter le tout à ébullition.
- Mixer le tout, ajouter la crème et laisser réduire jusqu'à ce que la sauce soit onctueuse (on peut finir la liaison avec un peu de maïzena).

- Ajouter la moutarde à l'ancienne dans la sauce et vérifier l'assaisonnement.

DRESSAGE
- Disposer la sauce au fond de l'assiette.
- Poser l'andouillette au centre.
- Placer autour le restant des haricots verts ainsi que les pommes de terre épluchées et coupées en rondelles.

•• Paupiettes de sandre aux petits légumes

4 personnes

Temps de préparation
40 mn
Temps de cuisson total
50 mn

320 g de filet de sandre
150 g de carottes
150 g de céleri rave
ou de navets
150 g de courgettes
150 g de poireaux
400 g de pommes
de terre
1 jaune d'œuf
10 g de beurre allégé

SAUCE
1/4 l de fumet
de poisson (voir p. 231)
30 g d'échalotes
50 g de crème allégée
à 15 %
20 g de farine
20 g de beurre allégé

Valeur nutritionnelle par portion
- Protéines 20 g
- Glucides 34 g
- Lipides 10 g

Calories 307

PRÉPARATION DE LA GARNITURE
- Nettoyer et éplucher les légumes.
- Tailler tous les légumes en julienne (petits bâtonnets de 1 mm de côté et 5 cm de longueur) avec un couteau ou bien avec une râpe à légumes assez grosse.
- Faire cuire la julienne à la vapeur tout en gardant les légumes légèrement croquants.

PRÉPARATION DE LA POMME DUCHESSE
- Faire cuire les pommes de terre en robe des champs.
- En fin de cuisson, quand les pommes sont encore chaudes, les éplucher et les passer à la moulinette pour en faire une purée, ajouter le jaune d'œuf, du sel et du poivre.
- Avec une poche et une douille cannelée faire douze petits tas sur une plaque recouverte d'une feuille de papier sulfurisé.
- Puis badigeonner légèrement le dessus avec les 10 g de beurre fondu à l'aide d'un pinceau.

PRÉPARATION DU POISSON
- Tailler le sandre en 8 escalopes fines, les garnir avec la moitié de la julienne.
- Rouler les escalopes en forme de petits boudins.

PRÉPARATION DE LA SAUCE
- Mélanger le beurre ramolli avec la farine.
- Mettre le fumet de poisson à bouillir, laisser réduire de moitié.

- Ajouter la crème et incorporer le beurre avec un fouet pour lier et laisser cuire 2 minutes.
- Ajouter le restant de la julienne, vérifier l'assaisonnement et garder la sauce au chaud.

FINITION DU PLAT
- Cuire les escalopes à la vapeur pendant 5 minutes.
- Faire colorer les pommes duchesse sous le gril du four.
- Napper les assiettes avec la sauce, disposer dessus les escalopes et les pommes de terre.

Variante : on peut remplacer le filet de sandre par du filet de sole, loup, rascasse ou tout autre poisson à chair blanche mais à texture ferme.

••• Matelote de mérou

4 personnes

Temps de préparation
30 mn
Temps de cuisson total
50 mn

320 g de filet de mérou
200 g de petits oignons de Mulhouse
250 g de champignons de Paris
10 g de beurre allégé
15 g de sucre
50 g d'échalotes
1/2 l de vin rouge
100 ml de fumet de poisson (voir p. 231)
100 ml de fond de veau (voir p. 232)
10 g de maïzena (voir p. 68)
160 g de riz blanc
100 g de poivrons rouges
1 cuillère à soupe d'huile d'olive

Valeur nutritionnelle par portion
- Protéines 28 g
- Glucides 51 g
- Lipides 15 g

Calories 447

PRÉPARATION DE LA SAUCE
- Peler et hacher finement l'échalote.
- Mettre le vin rouge, le fumet de poisson et l'échalote hachée dans une casserole.
- Laisser réduire jusqu'à ce qu'il n'en reste plus qu'un demi-verre.
- Ajouter le fond de veau et laisser réduire 2 à 3 minutes.
- Lier légèrement avec la maïzena diluée avec une cuillère à soupe d'eau et rectifier l'assaisonnement.

PRÉPARATION DE LA GARNITURE
- Nettoyer les petits oignons et les champignons.
- Mettre les petits oignons dans une casserole (choisir la grandeur de la casserole de telle façon que les oignons soient sur une seule couche).
- Recouvrir d'eau, les mettre à cuire à couvert 15 à 20 minutes jusqu'à ce que toute l'eau soit évaporée (si les oignons ne sont pas assez cuits on peut ajouter un peu d'eau et continuer la cuisson).
- En fin de cuisson, mettre le beurre et le sucre.
- Continuer la cuisson jusqu'à ce que les oignons soient enrobés d'un caramel.
- Faire sauter les champignons coupés en quartier dans une poêle sans matière grasse.
- Ajouter les champignons et les oignons dans la sauce.

CUISSON DU RIZ
- Couper le poivron en petits cubes.

- Prendre un récipient pouvant passer au four, faire revenir le poivron avec l'huile 2 minutes.
- Ajouter le riz, laisser revenir 1 minute.
- Ajouter de l'eau (une fois et demie le volume de riz).
- Couvrir et mettre à cuire au four pendant 20 minutes (ou bien ajouter 2 volumes d'eau et cuire sur feu doux).

FINITION ET DRESSAGE

- Couper les filets de mérou en huit tranches fines.
- Mettre à cuire les escalopes de mérou dans une poêle sans matière grasse ou bien sous le gril du four pendant 4 à 5 minutes.
- Mettre au milieu du plat le riz, poser autour les escalopes et napper avec la sauce.

●●● Lasagne de la mer

4 personnes

Temps de préparation
35 mn
Temps de cuisson total
55 mn

400 g de filet de flétan
200 g de pâtes à lasagne crues
200 ml de lait écrémé
200 ml de fumet de poisson (voir p. 231)
30 g de maïzena (voir p. 68)
50 g de fromage râpé

RATATOUILLE
100 g de courgettes
100 g d'aubergines
100 g de poivrons
50 g d'oignons
200 g de tomates
1 gousse d'ail
1 cuillère à soupe et demi d'huile d'olive

Valeur nutritionnelle par portion
- ◆ Protéines 31 g
- ◆ Glucides 52 g
- ◆ Lipides 13 g

Calories 451

PRÉPARATION DE LA RATATOUILLE
- Nettoyer et peler l'oignon et l'ail, laver le reste des légumes.
- Couper l'aubergine, le poivron, la courgette, la tomate et l'oignon en petits dés de 5 mm.
- Hacher l'ail très fin.
- Faire revenir dans une casserole avec l'huile d'olive tous les dés de légumes.
- Ajouter si nécessaire un petit peu d'eau et laisser cuire 15 à 20 minutes (la ratatouille doit être presque sèche).
- Vérifier l'assaisonnement.

PRÉPARATION DU VELOUTÉ DE POISSON
- Verser le lait et le fumet de poisson avec un peu de sel et de poivre dans une casserole.
- Mettre le mélange à bouillir et lier avec la maïzena diluée avec un peu de lait que vous aurez préparée préalablement.

PRÉPARATION DES LASAGNE
- Faire cuire les plaques de pâte dans une grande quantité d'eau bouillante salée en les mettant une par une et surtout bien remuer afin qu'elles ne collent pas entre elles.

Note : Il faut faire cuire les pâtes avant parce que le temps de cuisson des lasagne au four est trop court pour permettre la cuisson des pâtes.
- Couper les filets de poisson en tranches très fines.
- Dans un plat à gratin, disposer

alternativement une couche de pâtes, une de ratatouille une de poisson et une de velouté de poisson, faire cela trois fois puis finir par une couche de pâtes ; napper de velouté.

- Mettre le fromage râpé dessus.
- Passer le plat au four à 180° pendant 15 à 20 minutes pour cuire le poisson et gratiner.

•• Cassolette de noix de Saint-Jacques

4 personnes
Temps de préparation
35 mn
Temps de cuisson total
30 mn

400 g de noix de Saint-Jacques
100 g de champignons de Paris
20 g d'échalotes
250 ml de fumet de poisson (voir p. 231)
50 g de crème allégée à 15 %
1 cuillère de basilic haché

GARNITURE
100 g de carottes
100 g de haricots verts
100 g de navets
100 g de céleri branche
120 g de riz
40 g de beurre allégé

Valeur nutritionnelle par portion
- Protéines 20 g
- Glucides 36 g
- Lipides 8 g

Calories 296

Remarque : Pour un plat plus économique, remplacez les noix de Saint-Jacques par des noix de pétoncles.

PRÉPARATION DE LA GARNITURE
- Nettoyer et éplucher les légumes.
- Couper les carottes, les navets et le céleri en petits bâtonnets de 5 mm de côté et 4 cm de longueur.
- Mettre à cuire les légumes à l'eau bouillante salée ou à la vapeur. Mais séparément car les temps de cuisson des légumes sont différents.
- Nettoyer les champignons et les couper en quartiers.
- Éplucher l'échalote et la hacher finement.

CUISSON DES NOIX DE SAINT-JACQUES
- Faire revenir les noix de Saint-Jacques dans une poêle anti-adhésive bien chaude pendant 4 à 5 minutes, saler et poivrer légèrement.
- Les placer dans une passoire afin qu'elles s'égouttent bien.

FINITION DE LA SAUCE
- Faire revenir l'échalote et les champignons dans la poêle de cuisson des noix.
- Ajouter le fumet de poisson et laisser réduire à moitié.
- Ajouter ensuite la crème et le basilic (on peut lier légèrement la sauce avec de la maïzena, voir p. 68).
- Ajouter les légumes et laisser mijoter 2 minutes puis ajouter les noix de Saint-Jacques.
- Vérifier l'assaisonnement.
- Servir avec le riz cuit à l'eau et additionné du beurre allégé.

•• Spaghettis au thon

4 personnes

Temps de préparation
20 mn
Temps de cuisson total
45 mn

120 g de spaghetti crus
800 g de tomates
100 de poivrons rouges
100 g d'oignons
200 g de thon au naturel
10 g d'anchois à l'huile
1 cuillère à soupe d'huile d'olive
1 cuillère à café d'origan
Sel, poivre

Valeur nutritionnelle par portion
- ◆ Protéines 20 g
- ◆ Glucides 31 g
- ◆ Lipides 10 g

Calories 298

PRÉPARATION DE LA GARNITURE
- Couper en deux le poivron et enlever les graines et les filaments blancs.
- Passer les poivrons 5 minutes sous le gril du four puis les peler.
- Passer les tomates 30 secondes dans l'eau bouillante puis les refroidir aussitôt.
- Peler, épépiner et couper en morceaux les tomates.
- Peler et hacher l'oignon.

CUISSON DE LA SAUCE TOMATE
- Dans une sauteuse anti-adhésive faire revenir l'oignon avec l'huile pendant 2 minutes.
- Ajouter le poivron, les tomates, l'origan, le sel et le poivre.
- Laisser cuire à couvert sur un feu doux 25 minutes.

FINITION DES PÂTES
- Pendant ce temps cuire les pâtes à l'eau bouillante salée.
- Bien les égoutter et les garder au chaud.
- Égoutter et émietter le thon.
- Éponger les filets d'anchois dans du papier absorbant.
- Écraser les anchois avec une fourchette.
- Incorporer le thon et les anchois à la sauce.
- Laisser mijoter 3 minutes.
- Napper les spaghetti avec la sauce ou bien la servir dans un plat à part.

•• Papillotes méditerranéennes

4 personnes

Temps de préparation
40 mn
Temps de cuisson total
50 mn

100 g de riz cru
360 g de filets de rascasse
150 g de courgettes
150 g d'aubergines
150 g de poivrons verts
150 g d'oignons
300 g de tomates
2 cuillères à soupe d'huile d'olive
100 g de fromage blanc à 40 %
1 pincée de safran

Valeur nutritionnelle par portion

- Protéines 24 g
- Glucides 31 g
- Lipides 10 g

Calories 304

PRÉPARATION DE LA GARNITURE

- Éplucher et ciseler très finement les oignons.
- Couper les courgettes, l'aubergine et le poivron en petits cubes de 1 cm de côté.
- Couper les tomates en quartiers.

CUISSON DE LA RATATOUILLE

- Dans une cocotte anti-adhésive faire revenir les oignons et le poivron pendant une dizaine de minutes sur un feu moyen.
- Pendant ce temps dans une poêle faire revenir séparément les courgettes et les aubergines avec l'huile d'olive.
- Ajouter les tomates dans la cocotte et laisser cuire 10 minutes.
- Ajouter ensuite les aubergines et les courgettes sautées.
- Ajouter du sel et du poivre et laisser cuire 15 minutes.

PRÉPARATION ET CUISSON DES PAPILLOTES

- Tailler quatre morceaux de feuille d'aluminium de 50 cm de long et les disposer sur la table de cuisine.
- Mettre au tiers de la feuille la ratatouille.
- Disposer dessus le filet de rascasse préalablement coupé en 4 escalopes.
- Dans un bol, mélanger le fromage blanc avec le safran, du sel et du poivre.
- Mettre cette sauce sur le poisson.
- Replier les feuilles en deux et bien refermer les bords en

repliant les feuilles sur elles-mêmes par des petits plis de 1 cm ; il faut replier la feuille au moins trois ou quatre fois et bien écraser les plis pour qu'elle ne se déplie pas à la cuisson.

- Mettre à cuire les papillotes pendant 10 à 15 minutes dans le four à 200°.
- Faire cuire le riz à l'eau bouillante salée.
- Pour servir, placer chaque portion de riz sur l'assiette et la papillote, à côté les légumes et la sauce issus de la papillote agrémenteront le riz.

•• Gratin de crevettes, de riz et d'aubergines

4 personnes

Temps de préparation
20 mn
Temps de cuisson total
1 h

120 g de riz cru
400 g d'aubergines
400 g de tomates
200 g de queues de crevettes décortiquées
40 g de bacon
100 g d'oignons
1 gousse d'ail
50 ml de vin blanc
30 g de fromage râpé
1 cuillère à soupe d'huile d'olive
1 pincée de piment de Cayenne en poudre
Romarin, thym, laurier, sel

Valeur nutritionnelle par portion

- ◆ Protéines 21g
- ◆ Glucides 35 g
- ◆ Lipides 9 g

Calories 305

PRÉPARATION DE LA GARNITURE

- Peler, épépiner et couper les tomates en morceaux.
- Peler et couper en rondelles les aubergines.
- Peler et hacher les oignons.
- Couper le bacon de la taille de petits lardons.

CUISSON DU GRATIN

- Faire revenir les oignons hachés dans une sauteuse anti-adhésive avec l'huile pendant 2 minutes.
- Ajouter dans la sauteuse les rondelles d'aubergine, les tomates, quelques brins de romarin et de thym, 1 demi-feuille de laurier, l'ail, le vin blanc, le sel et le piment de Cayenne.
- Couvrir et laisser cuire à couvert sur un feu doux pendant 35 minutes.
- Pendant ce temps cuire le riz à l'eau bouillante salée pendant 15 à 20 minutes.

FINITION DU GRATIN

- Dans une poêle anti-adhésive faire revenir le bacon pendant 2 minutes.
- Ajouter les crevettes et laisser revenir 1 minute.
- Dans un plat à gratin, mélanger les aubergines, le riz et les crevettes.
- Saupoudrer avec le fromage râpé.
- Faire gratiner à four chaud (thermostat 7 ou 8) pendant 10 à 15 minutes.

•• Filets de rougets à l'étuvée d'endives

4 personnes

Temps de préparation
25 mn
Temps de cuisson total
50 mn

320 g de filets de rougets
400 g d'endives
250 ml de fumet de poisson (voir p. 231)
40 g de crème allégée à 15 %
150 ml de lait écrémé
20 g de maïzena (voir p. 68)
500 g de pommes de terre
1 cuillère à soupe de persil haché

Valeur nutritionnelle par portion

- Protéines 19 g
- Glucides 34 g
- Lipides 10 g

Calories 301

PRÉPARATION DE LA GARNITURE

- Laver 4 pommes de terre de taille moyenne.
- Enrober les pommes de terre séparément dans du papier d'aluminium.
- Puis les mettre à cuire au four à 180° pendant 20 à 30 minutes ; pour vérifier la cuisson les piquer avec une pointe de couteau.
- Laver et émincer les endives.

CUISSON DE LA SAUCE

- Faire revenir dans une casserole anti-adhésive et sur un feu doux les endives pendant 10 minutes.
- Ajouter la moitié du fumet et laisser cuire 10 minutes.
- Mélanger la maïzena à 100 ml de lait puis le verser sur les endives.
- Porter à ébullition pour que la sauce épaississe.
- Ajouter la moitié de la crème, saler et poivrer.

FINITION DU PLAT

- Mettre les filets de rougets dans un plat allant au four avec le restant du fumet de poisson.
- Les mettre à cuire au four à 180° pendant 5 minutes.
- Pendant ce temps, couper les pommes de terre en deux.
- Retirer la chair et la mélanger avec le reste de crème, de lait et le persil haché.
- Rectifier l'assaisonnement.
- Regarnir les coques de pomme de terre avec la purée ainsi obtenue.
- Disposer la sauce au fond des assiettes.
- Poser dessus les filets de rougets et les pommes de terre.

•• Filets de soles à l'avocat

4 personnes

Temps de préparation
20 mn
Temps de cuisson total
15 mn

320 g de filets de soles
1 cuillère à soupe de jus de citron
1 cuillère à soupe de crème allégée à 15 %
1/2 piment vert
100 g d'avocats
800 g de brocolis
120 g de riz cru
1 cuillère à soupe de persil et ciboulette hachée
Sel, poivre
1/4 de litre de fumet de poisson (voir p. 231)

Valeur nutritionnelle par portion

- Protéines 21 g
- Glucides 33 g
- Lipides 9 g

Calories 297

- Cuire les brocolis 10 minutes à l'eau bouillante salée.
- Cuire le riz nature.
- Plier les filets de soles en deux.
- Cuire les filets dans le fumet frémissant pendant 5 minutes.

PRÉPARATION DE LA SAUCE

- Dans un bol, mélanger très finement la chair de l'avocat, le jus de citron, 8 cuillères à soupe du jus de cuisson des filets, la crème, le piment, du sel et du poivre.
- Faire réchauffer la sauce dans une casserole sans la faire bouillir.

DRESSAGE DU PLAT

- Disposer les filets sur un plat ou bien sur quatre assiettes.
- Napper avec la sauce.
- Saupoudrer avec la ciboulette et le persil haché.
- Disposer autour les brocolis et le riz.

●●● Paella

4 personnes

Temps de préparation
20 mn
Temps de cuisson total
35 mn

200 g de blanc de poulet
50 g de queues de crevettes
100 g de calamars
250 g de moules
200 g de riz cru
200 g de fonds d'artichauts congelés ou en boîte
150 g de petits pois
200 g de poivrons rouges
50 g de concentré de tomate
100 g d'oignons
3 cuillères à soupe d'huile d'olive

Valeur nutritionnelle par portion

- Protéines 28 g
- Glucides 57 g
- Lipides 11 g

Calories 440

PRÉPARATION DE LA GARNITURE

- Épépiner et émincer les poivrons.
- Éplucher et émincer les oignons.
- Couper les fonds d'artichauts en petits quartiers.
- Couper le poulet et les calamars en lanières de 1 cm.
- Gratter et nettoyer les moules.

CUISSON DE LA PAELLA

- Faire chauffer l'huile d'olive dans une sauteuse anti-adhésive.
- Faire revenir dans l'huile les morceaux de poulet 3 à 4 minutes puis les retirer.
- Faire revenir ensuite les oignons et le poivron 3 à 4 minutes.
- Ajouter les calamars, le concentré de tomate, les artichauts et laisser revenir 3 à 4 minutes.
- Ajouter le riz, les morceaux de poulet et les petits pois.
- Mouiller avec 1 litre d'eau chaude ou bien de bouillon de volaille chaud (voir p. 230).
- Saler et poivrer légèrement.
- Porter à ébullition et laisser cuire 15 minutes sur feu doux à découvert.

Note : Remuer de temps en temps afin que le riz n'accroche pas (vous pouvez ajouter du liquide) ; il faut cependant qu'en fin de cuisson le riz soit presque sec.

- Ajouter les moules crues et les queues de crevettes.
- Laisser cuire encore 7 à 10 minutes en fonction la cuisson du riz.
- Rectifier l'assaisonnement.

Les viandes

●●● Choucroute garnie

4 personnes

Temps de préparation
10 mn
Temps de cuisson total
1 h 30

200 g de palette de porc fumé
100 g de bacon
80 g de saucisses de Francfort
1 kg de choucroute crue
300 ml de vin blanc sec
600 g de pommes de terre

GARNITURE AROMATIQUE
1 carotte
1 oignon
2 clous de girofle
10 graines de baie de genièvre
Sel, poivre, cumin

Valeur nutritionnelle par portion
- Protéines 22 g
- Glucides 45 g
- Lipides 17 g

Calories 421

PRÉPARATION DE LA GARNITURE
- Laver et peler la carotte et l'oignon.
- Piquer les clous de girofle dans l'oignon.
- Éplucher et couper les pommes de terre en quartiers et les mettre dans un récipient rempli d'eau afin qu'elles ne noircissent pas.
- Rincer légèrement la choucroute.

CUISSON DE LA CHOUCROUTE
- Dans une cocotte mettre le chou, l'oignon, la carotte, la palette de porc, les baies de genièvre, un quart de cuillère à café de cumin, du sel et du poivre.
- Ajouter le vin blanc et compléter avec de l'eau afin de recouvrir le chou.
- Porter à ébullition puis baisser le feu.
- Laisser cuire à couvert pendant 1 heure.
- Ajouter les pommes de terre, le bacon et la saucisse.
- Refermer le couvercle et laisser cuire encore 20 à 30 minutes.

Note : Ajouter un peu de vin blanc ou d'eau s'il ne reste pas assez de liquide.
- Au moment de servir, couper les morceaux de viande en quatre et vérifier l'assaisonnement.

•• Bami goreng

4 personnes

Temps de préparation
30 mn
Temps de cuisson total
40 mn

160 g de nouilles chinoises
200 g de blanc de poulet
80 g de queues de crevettes décortiquées
200 g de branches de céleri
200 g de poivrons rouges
200 g d'oignons
200 g de chou chinois ou de blancs de poireaux
1 gousse d'ail
200 ml de bouillon de volaille (voir p. 230)
3 cuillères à café de sauce soja
1 cuillère à soupe d'huile
Sel, poivre

Valeur nutritionnelle par portion

- Protéines 24 g
- Glucides 38 g
- Lipides 7 g

Calories 308

PRÉPARATION DE LA GARNITURE

- Laver et éplucher tous les légumes.
- Enlever les pépins du poivron.
- Émincer finement tous les légumes.
- Couper le blanc de poulet en lanières de la grosseur d'un doigt.
- Décortiquer les queues de crevettes si vous les avez achetées entières.

CUISSON DU PLAT

- Faire chauffer l'huile dans une cocotte anti-adhésive.
- Faire dorer les lanières de poulet à feu vif 2 à 3 minutes en les retournant pour que toutes les faces colorent.
- Retirer le poulet et verser dans la cocotte les légumes.
- Laisser revenir 4 à 5 minutes.
- Ajouter le bouillon de volaille, la sauce soja, le poivre et un peu de sel.
- Laisser cuire à feu doux et à couvert pendant 25 à 30 minutes.

Note : Les légumes doivent rester un peu fermes.

- Pendant ce temps faire cuire les nouilles à l'eau bouillante salée.

FINITION DU PLAT

- Remettre le poulet et les crevettes dans la cocotte avec les légumes.
- Laisser mijoter 5 minutes (au besoin laisser évaporer l'eau de cuisson en enlevant le couvercle).
- Égoutter les nouilles et les mélanger au reste de la préparation.
- Rectifier l'assaisonnement.

●● Sauté de veau à la milanaise

4 personnes

Temps de préparation
20 mn
Temps de cuisson total
1 h 10

320 g d'épaule de veau dégraissée
Garniture aromatique
250 g de carottes
100 g d'oignons
1 zeste d'orange
100 ml de vin blanc
2 cuillères à soupe de concentré de tomate
1 cuillère à café d'huile

GARNITURE
160 g de tagliatelles (poids cru)
15 g de beurre allégé

Valeur nutritionnelle par portion
- ◆ Protéines 21 g
- ◆ Glucides 36 g
- ◆ Lipides 8 g

Calories 299

PRÉPARATION DE LA MISE EN PLACE
- Couper la viande en petits morceaux de 50 g.
- Nettoyer et peler les carottes et l'oignon, puis hacher dans un mixeur la moitié des carottes et l'oignon très finement, en ajoutant le zeste d'orange.
- Couper le restant des carottes en rondelles.

CUISSON DE LA VIANDE
- Faire revenir les morceaux de viande dans une cocotte anti-adhésive avec une cuillère à café d'huile.
- Quand ils sont bien colorés, ajouter la garniture hachée et laisser mijoter 5 minutes.
- Ajouter le concentré de tomate et le vin blanc.
- Laisser réduire 5 minutes puis mouiller jusqu'à couvrir à niveau avec de l'eau ou du fond de veau (voir p. 232), assaisonner et laisser cuire 30 à 40 minutes tout en surveillant l'évaporation.
- Ajouter les carottes en rondelles à moitié cuisson.
- Il faut que la sauce réduise de moitié de telle manière qu'elle se lie à la purée de légumes.

FINITION DU PLAT
- Faire cuire les pâtes à l'eau bouillante salée.
- Disposer les pâtes additionnées du beurre allégé au centre de l'assiette.
- Mettre la viande et la sauce au tour.

•• Foie de veau au paprika

4 personnes

Temps de préparation
35 mn
Temps de cuisson total
40 mn

320 g de foie de veau
500 g de courgettes
500 g de pommes
de terre
1 cuillère à soupe
d'huile
1/4 l de lait demi-écrémé
20 g de crémé allégée
à 15 %
1/4 l de fond de veau
(voir p. 232)
2 cuillères à soupe
de vinaigre
10 g de maïzena
(voir p. 68)
Sel, poivre, persil haché

Valeur nutritionnelle
par portion

- Protéines 21 g
- Glucides 35 g
- Lipides 9 g

Calories 300

PRÉPARATION DE LA PURÉE

- Faire cuire les pommes de terre entières et avec leur peau à l'eau bouillante salée pendant 25 minutes environ.
- Éplucher les pommes de terre et les écraser avec un presse purée.
- Pendant ce temps faire chauffer le lait.
- Mélanger le lait aux pommes de terre.
- Rectifier l'assaisonnement et garder au chaud.

PRÉPARATION DES COURGETTES

- Laver les courgettes.
- Les couper en rondelles.
- Faire cuire les rondelles de courgettes à la vapeur pendant 7 à 8 minutes.

CUISSON ET FINITION DU PLAT

- Faire dorer les tranches de foie dans une poêle anti-adhésive avec l'huile 2 minutes de chaque côté puis les garder au chaud dans une assiette.
- Déglacer la poêle avec le vinaigre et ajouter le fond de veau.
- Laisser bouillir 2 minutes.
- Ajouter la maïzena diluée dans un peu d'eau froide.
- Faire bouillir et rectifier l'assaisonnement.
- Faire réchauffer légèrement les tranches de foie dans la sauce.
- Servir avec la purée et les courgettes saupoudrées de persil haché.

•• Fricassée de poulet au curry

4 personnes

Temps de préparation
30 mn
Temps de cuisson total
1 h

320 g de blancs de poulet
100 g d'oignons
100 g de pommes
100 ml de lait entier
10 g de maïzena (voir p. 68)
1 cuillère à soupe d'huile
1 cuillère à soupe de curry
1/4 l de bouillon de volaille (voir p. 230)
120 g de riz (poids cru)
100 g d'ananas
200 g de carottes

Valeur nutritionnelle par portion
- Protéines 22 g
- Glucides 40 g
- Lipides 7 g

Calories 310

PRÉPARATION DE LA GARNITURE
- Éplucher et hacher les oignons.
- Peler, épépiner et couper la pomme en petits cubes.
- Peler et émincer les carottes.
- Cuire les carottes à l'eau bouillante pendant 10 minutes en les laissant croquantes.
- Couper les blancs de volaille en bâtonnets.
- Couper l'ananas en petits cubes.

CUISSON DU CURRY
- Dans une cocotte anti-adhésive, faire dorer avec la moitié de l'huile les blancs de volaille.
- Ajouter la moitié de l'oignon haché et les morceaux de pommes.
- Laisser revenir 5 minutes.
- Ajouter le bouillon de volaille, le curry, du sel et du poivre.
- Laisser cuire 10 minutes.
- Ajouter les carottes et continuer la cuisson pendant 10 à 15 minutes.
- Mélanger le lait avec la maïzena.
- Verser le mélange dans la cocotte en fin de cuisson et laisser bouillir 2 minutes pour que la sauce épaississe.

CUISSON DU RIZ
- Pendant la cuisson du poulet au curry, faire revenir dans une casserole le reste d'oignon et d'huile pendant 2 minutes.
- Ajouter le riz et les morceaux d'ananas.
- Mouiller avec l'eau (deux fois et demie le volume du riz) et

saler légèrement.

- Laisser cuire 15 à 20 minutes à couvert sur un feu doux tout en surveillant que le riz n'accroche pas.

•• Bœuf bourguignon

4 personnes

Temps de préparation
15 mn
Temps de cuisson total
40 mn

360 g de bœuf maigre à bourguignon
1 cuillère à soupe de concentré de tomate
100 g d'oignons
1 gousse d'ail
300 ml de vin rouge
300 ml de bouillon de fond de veau (voir p. 232)
1 cuillère à soupe d'huile
1 cuillère à café de maïzena (voir p. 68)
400 g de carottes
500 g de pommes de terre
Thym, persil, laurier

Valeur nutritionnelle par portion
- Protéines 23 g
- Glucides 37 g
- Lipides 10 g

Calories 332

PRÉPARATION DE LA GARNITURE
- Éplucher et émincer les oignons.
- Éplucher et couper en rondelles les carottes.
- Éplucher et hacher la gousse d'ail.
- Couper la viande en cubes de 2 cm.

CUISSON DU BOURGUIGNON
- Faire sauter les morceaux de viande dans l'autocuiseur avec la cuillère d'huile.
- Quand les morceaux sont colorés, ajouter l'oignon émincé et laisser revenir 3 à 4 minutes.
- Ajouter le concentré de tomate et laisser revenir 1 minute afin d'enlever l'acidité.
- Déglacer avec le vin rouge.
- Ajouter l'ail, un brin de thym, une demi-feuille de laurier, une branche de persil et les rondelles de carottes.
- Ajouter le fond de veau ou bien la même quantité de bouillon Kub de bœuf dégraissé.
- Saler et poivrer légèrement.
- Fermer l'autocuiseur et laisser cuire 40 minutes à feu doux.
- En fin de cuisson, ajouter la maïzena dilué avec 1 cuillère d'eau et laisser bouillir 1 minute.
- Servir avec les pommes de terre cuites à la vapeur.

••• Sauté de bœuf Strogonoff

4 personnes

Temps de préparation
30 mn
Temps de cuisson total
35 mn

360 g de bœuf (queue de filet)
200 g d'échalotes
200 g de champignons de Paris
1/4 l de fond de veau (voir p. 232)
30 g de crème allégée 15 à 15 %
1 cuillère à soupe de paprika doux

GARNITURE
200 g de pâtes crues
25 g de beurre allégé

Valeur nutritionnelle par portion
- Protéines 28 g
- Glucides 49 g
- Lipides 15 g

Calories 438

PRÉPARATION DE LA GARNITURE
- Éplucher les échalotes.
- Hacher les échalotes très finement.
- Nettoyer et émincer les champignons de Paris en fines lamelles.
- Cuire les pâtes à l'eau bouillante salée.
- Couper la viande en cubes de 1 cm de côté.

CUISSON DU SAUTÉ
- Dans une poêle bien chaude faire sauter les morceaux de viande 2 à 3 minutes.
- Enlever la viande.
- Mettre les échalotes hachées et laisser revenir 2 minutes.
- Ajouter les champignons et laisser cuire jusqu'à l'évaporation de l'eau de végétation.
- Ajouter les 2 cuillères à soupe de paprika doux.
- Verser le fond de veau et laisser réduire de moitié.
- Ajouter la crème et continuer la cuisson pendant 1 minute.
- Ajouter les morceaux de viande, laisser mijoter 1 minute à feu doux (il ne faut pas faire bouillir trop fort ou trop longtemps sinon la viande deviendrait dure).

FINITION DU PLAT
- Dresser les pâtes, additionnées de beurre allégé, au milieu de l'assiette.
- Disposer autour la viande avec la sauce.

•• Blancs de volaille aux poireaux

4 Personnes

Temps de préparation
40 mn
Temps de cuisson total
45 mn

320 g d'escalopes de poulet
400 g de poireaux
1/2 l de fond de volaille (voir p. 230)
40 g de crème allégée à 15 %
130 g de riz blanc cru
50 g d'oignons
1 cuillère à soupe d'huile
Safran selon goût

Valeur nutritionnelle par portion
- Protéines 22 g
- Glucides 35 g
- Lipides 8 g

Calories 301

PRÉPARATION ET CUISSON DE LA GARNITURE

- Nettoyer et laver les poireaux.
- Émincer les poireaux très finement à l'aide d'un couteau bien tranchant.
- Faire revenir les poireaux dans une casserole, sans matière grasse, sur un feu doux et à couvert pendant 10 minutes.
- Pendant ce temps, hacher l'oignon puis le faire revenir dans une casserole avec l'huile ; ajouter le riz, mouiller avec de l'eau (1 fois et demie le volume de riz) ; ajouter une pointe de couteau de safran puis le mettre à cuire au four à 180° (20 minutes).

PRÉPARATION DES ESCALOPES

- Retailler les escalopes très finement.
- Garnir les escalopes avec la moitié du poireau déjà cuit.
- Rouler les escalopes sur elles-mêmes puis les empaqueter séparément dans du film plastique étirable (cellofrais) afin qu'elles ne se déroulent pas à la cuisson.
- Les mettre à pocher dans le fond de volaille frémissant pendant 10 à 15 minutes.
- À la fin de cuisson, mettre le fond de volaille à réduire jusqu'à ce qu'il n'en reste que la valeur d'un demi-verre.
- Ajouter la crème et les poireaux restant dans le jus de cuisson du poulet.

- Laisser mijoter pendant 5 minutes.

Dressage de l'assiette

- Disposer le riz au centre de l'assiette.
- Couper les roulades d'escalopes en rondelles, les mettre autour du riz.
- Napper la viande avec la sauce.

••• Couscous

4 personnes

Temps de préparation
30 mn
Temps de cuisson total
1 h 10

200 g de semoule
à couscous
200 g de gigot
de mouton
200 g de blancs
de volaille
200 g de carottes
200 g de navets
200 g de courgettes
100 g de courge
50 g de pois chiche (en
boîte)
100 g d'oignons
150 g de tomates
1 cuillère à soupe
d'huile d'olive
Sel, poivre, cumin,
cannelle, harissa

Valeur nutritionnelle par portion
- ◆ Protéines 30 g
- ◆ Glucides 52 g
- ◆ Lipides 14 g

Calories 455

PRÉPARATION DE LA GARNITURE

- Nettoyer et peler tous les légumes.
- Émincer les oignons et couper le reste des légumes en bâtonnets.
- Couper la viande en cubes de 1,5 cm.

CUISSON DU COUSCOUS

- Dans le couscoussier, faire revenir la viande de mouton avec l'huile.
- Ajouter les oignons, le poivron et la tomate concassée.
- Mouiller avec de l'eau ou bien du bouillon de volaille (voir p. 230).
- Ajouter sel, poivre, 1 cuillère à café de cumin et 1 cuillère à café de cannelle.
- Laisser cuire 20 minutes.
- Ajouter les légumes et les blancs de volaille.
- Laisser cuire 15 minutes.
- Ajouter les pois chiches et laisser encore cuire 10 minutes.
- Vérifier l'assaisonnement.

CUISSON DE LA SEMOULE

- Mettre la semoule dans un saladier.
- Mouiller la semoule avec un demi-verre d'eau chaude salée.
- Laisser gonfler et surtout bien égrener la semoule pour qu'il n'y ait pas de morceau aggloméré.
- Mettre la semoule dans la passoire du couscoussier et la poser au-dessus du bouillon.
- La laisser cuire 10 minutes à la vapeur.
- Remettre la semoule dans la saladier.
- Mouiller avec un demi-verre d'eau chaude salée.
- Laisser gonfler et égrener.

- Remettre la semoule dans la passoire au-dessus du bouillon 10 minutes.
- Recommencer l'opération encore une fois.

DRESSAGE DU COUSCOUS

- Bien égrener la semoule et la verser sur un plat.
- Mettre dans un légumier la viande avec les légumes.
- Prendre une cuillère à café d'harissa et la délayer avec un peu de bouillon dans un bol.

●●● Yassa de pintade

8 personnes

Temps de préparation
20 mn
Temps de cuisson total
40 mn

1 pintade de 1 à 1,2 kg
1,2 kg d'oignons
1/2 l de jus de citron
(frais ou pulco)
1 l de fond de volaille
(voir p. 230)
50 g de farine
50 g de beurre allégé

GARNITURE
320 g de riz (poids cru)
50 g de beurre allégé

Valeur nutritionnelle par portion
- Protéines 29 g
- Glucides 54 g
- Lipides 13 g

Calories 445

PRÉPARATION À FAIRE LA VEILLE
- Découper les cuisses et les ailes de la pintade ; garder la carcasse.
- Éplucher et émincer les oignons.
- Marquer les morceaux de pintade sur un gril ou bien dans une poêle anti-adhésive.
- Mettre les morceaux de viande dans un récipient avec les oignons émincés et le jus de citron.
- Laisser mariner au minimum 12 heures.

CUISSON DU YASSA
- Mettre tous les ingrédients, avec la carcasse coupée en 4 ou 5 morceaux, dans une cocotte.
- Ajouter de l'eau (ou bien du fond de volaille) jusqu'à 1 cm en dessous du niveau de la viande.
- Couvrir la cocotte et laisser cuire pendant 20 à 30 minutes.
- En fin de cuisson retirer les morceaux de carcasse.
- Placer dans le plat de service les morceaux de pintade.
- Laisser réduire le jus de cuisson pour qu'il ne reste que 3/4 de litre de sauce (on peut relever la sauce avec un peu de piment de Cayenne).
- Mélanger 50 g de beurre allégé avec la farine et l'incorporer à la sauce avec un fouet pour lier la sauce.
- Verser la sauce et les oignons sur les morceaux de viande.
- Servir avec le riz cuit à l'eau et additionné des 50 g de beurre restants.

•• Riz campagnard

4 personnes

Temps de préparation
20 mn
Temps de cuisson total
50 mn

150 g de riz (poids cru)
600 g de chou vert
200 g d'oignons
90 g de bacon dégraissé
130 g de filet de porc
1 cuillère à soupe d'huile
1/4 l de bouillon de volaille (voir p. 230)
Sel, poivre, persil haché

Valeur nutritionnelle par portion

- Protéines 20 g
- Glucides 33 g
- Lipides 10 g

Calories 299

PRÉPARATION DE LA GARNITURE

- Nettoyer le chou vert puis le couper en très fines lanières.
- Mettre le chou dans une casserole et recouvrir d'eau.
- Porter à ébullition et égoutter aussitôt.

Note : Cela enlèvera un peu d'amertume au chou.

- Éplucher et émincer l'oignon.
- Couper le bacon en petits morceaux.
- Couper le filet de porc en cubes de 1,5 cm.

CUISSON DU PLAT

- Faire revenir les cubes le filet dans une cocotte anti-adhésive avec l'huile 2 à 3 minutes.
- Retirer les morceaux de viande et les garder dans une assiette.
- Faire revenir dans la même cocotte les oignons 5 minutes.
- Ajouter le bacon puis le chou vert et laisser cuire le tout à couvert pendant 15 minutes.
- Ajouter le riz et les morceaux de filet de porc.
- Laisser mijoter 3 minutes puis ajouter le bouillon de volaille.
- Saler et poivrer légèrement.
- Continuer à cuire à couvert pendant 20 minutes.

Note : On peut, s'il le faut, ajouter un peu de bouillon ; le riz doit absorber tout le jus de cuisson.

- Avant de servir saupoudrer de persil haché.

Variante : On peut remplacer le riz par des pâtes. Dans ce cas, on incorporera en fin de cuisson les pâtes cuites préalablement à l'eau bouillante salée ; par contre, quand le chou sera cuit, on ne mettra que 100 ml de bouillon de volaille.

•• Langue de veau aux haricots bretons

4 personnes

Temps de préparation
20 mn
Temps de cuisson total
1 h 45

140 g de haricots blancs crus
320 g de langue de veau
1 oignon piqué avec un clou de girofle
1 bouquet garni
300 g de carottes
100 g d'échalotes
400 g de tomates
50 g de concentré de tomate
1/4 l de vin blanc
1 cuillère à soupe d'huile
Persil haché

Valeur nutritionnelle par portion
- Protéines 24 g
- Glucides 33 g
- Lipides 8 g

Calories 296

PRÉPARATION DES HARICOTS ET DE LA LANGUE

- Laver les haricots et la langue.
- Mettre la langue dans une casserole remplie d'eau froide, la porter à ébullition puis refroidir la langue.
- Éplucher et couper en rondelles les carottes.
- Mettre dans une casserole les haricots, la langue, les carottes, l'oignon piqué du clou de girofle et le bouquet garni.
- Recouvrir d'eau et mettre à cuire pendant 1 h 30.

Note : Ne saler les haricots qu'à moitié cuisson, ils cuiront plus facilement.

PRÉPARATION DE LA SAUCE

- Éplucher et émincer les échalotes.
- Peler les tomates en les trempant 1 minute dans de l'eau bouillante puis aussitôt les tremper dans de l'eau froide.

Note : On peut utiliser des tomates concassées en boîte.

- Couper les tomates en dés.
- Dans une cocotte anti-adhésive faire revenir les échalotes avec l'huile 5 minutes.
- Ajouter la tomate, l'ail haché, le vin blanc et le concentré de tomate.
- Saler, poivrer et ajouter 1/2 cuillère à café d'édulcorant spécial cuisson.
- Laisser cuire à découvert pendant 10 minutes.

Finition et dressage du plat

- Enlever l'oignon, le bouquet garni et la langue des haricots.
- Égoutter les haricots et les ajouter à la sauce tomate.
- Peler et couper la langue en tranches.
- Mettre les tranches de langue sur les haricots.
- Laisser mijoter le tout 15 minutes.
- Au moment de servir, vérifier l'assaisonnement et saupoudrer de persil haché.

•• Lentilles à la dijonnaise

4 personnes

Temps de préparation
15 mn
Temps de cuisson total
1 h 20

160 g de lentilles crues
1 cuillère à soupe d'huile
200 g d'échalotes
400 g de tomates
240 g jambon dégraissé
1 cuillère à café de moutarde forte
1/3 l de bouillon Kub de bœuf dégraissé
100 ml de vinaigre rouge
Sel, poivre

GARNITURE AROMATIQUE
1 oignon
1 bouquet garni
1 clou de girofle

Valeur nutritionnelle par portion
- Protéines 23 g
- Glucides 33 g
- Lipides 8 g

Calories 294

PRÉPARATION DE LA GARNITURE
- Éplucher l'oignon et le piquer avec le clou de girofle.
- Éplucher et émincer les échalotes.
- Concasser les tomates.
- Couper le jambon en petits morceaux.

CUISSON DES LENTILLES
- Mettre les lentilles avec la garniture aromatique et le bouillon de bœuf dans une cocotte.
- Recouvrir d'eau.
- Cuire pendant 1 heure.

Note : Ne pas saler les lentilles au début de la cuisson mais à moitié cuisson, elles cuiront plus facilement. On peut cuire les lentilles en autocuiseur sans sel et durant 15 minutes.

PRÉPARATION DE LA SAUCE
- Dans une cocotte anti-adhésive faire revenir les échalotes avec l'huile.
- Ajouter le jambon, la tomate et le vinaigre.
- Saler et poivrer.
- Laisser cuire 10 à 15 minutes.

FINITION DU PLAT
- Égoutter les lentilles.
- Verser les lentilles dans la sauce.
- Laisser mijoter 5 minutes.
- Vérifier l'assaisonnement.
- Ajouter la moutarde en fin de cuisson.

•• Endives au fromage

4 personnes

Temps de préparation
15 mn
Temps de cuisson total
25 mn

600 g d'endives
(4 pièces)
250 ml de lait entier
1 cuillère à soupe
de maïzena (voir p. 68)
250 g de jambon blanc
dégraissé
500 g de pommes
de terre
30 g de fromage râpé
Sel, poivre, noix
de muscade

Valeur nutritionnelle par portion
- ◆ Protéines 20 g
- ◆ Glucides 34 g
- ◆ Lipides 9 g

Calories 301

PRÉPARATION DE LA GARNITURE

- Faire cuire les endives à la vapeur dans l'autocuiseur pendant 10 minutes après le début du chuchotement de la soupape.
- Bien les égoutter.
- Cuire les pommes de terre en robe des champs.
- Délayer la maïzena avec une cuillère de lait.
- Mettre le reste de lait avec du sel, poivre et un peu de noix de muscade à bouillir dans une casserole.
- Lier le lait avec la maïzena.

DRESSAGE ET CUISSON DU PLAT

- Couper les endives en deux.
- Les entourer avec le jambon.
- Peler et couper en rondelles les pommes de terre.
- Mettre les pommes de terre au fond d'un plat à gratin.
- Disposer dessus les endives.
- Napper avec la sauce Béchamel.
- Saupoudrer avec le fromage râpé.
- Faire gratiner au four à 200° pendant une dizaine de minutes.

•• Fricassée de ris de veau au chou

4 personnes

Temps de préparation
20 mn
Temps de cuisson total
2 h

400 g de ris de veau
500 g de chou vert
100 g de carottes
100 g d'échalotes
4 pommes de terre (500 g)
50 g de crème allégée à 15 %
1 cuillère à soupe d'huile
1 cuillère de persil haché
Sel, poivre

GARNITURE AROMATIQUE
1 carotte
1 oignon
1/2 l de fond de veau (voir p. 232)

Valeur nutritionnelle par portion
- Protéines 22 g
- Glucides 32 g
- Lipides 9 g

Calories 299

CUISSON DU RIS DE VEAU
- Faire blanchir à l'eau les ris pendant 2 minutes.
- Éplucher l'oignon et la carotte.
- Mettre les ris dans le fond de veau avec la garniture aromatique coupée grossièrement.
- Saler et poivrer légèrement.
- Mettre à cuire le tout à couvert sur un feu doux pendant 1 heure.

CUISSON DU CHOU
- Émincer le chou finement puis le faire blanchir à l'eau 2 minutes.
- Nettoyer et éplucher les échalotes et les carottes.
- Les mixer très finement afin que cela fasse presque une purée.
- Dans une cocotte faire revenir 3 minutes le mélange de carottes et échalotes avec l'huile.
- Ajouter le chou et laisser revenir 5 minutes.
- Ajouter du sel, du poivre et un demi-verre d'eau.
- Couvrir la cocotte et laisser mijoter sur feu doux 30 minutes.

CUISSON DES POMMES DE TERRE
- Laver les pommes de terre.
- Entourer chaque pomme de terre avec une feuille de papier d'aluminium.
- Les mettre à cuire au four à 180° pendant 30 minutes environ.

DRESSAGE DU PLAT
- Égoutter les ris de veau et les couper en tranches.

- Ajouter au chou 1 verre de jus de cuisson des ris.
- Mettre les tranches de ris sur le chou et laisser mijoter 5 minutes.
- Mélanger la crème avec le persil haché, du sel et du poivre.
- Fendre les pommes de terre en deux.
- Napper les pommes de terre avec la crème.

•• Pâtes au chou et au jambon cru

4 personnes

Temps de préparation
15 mn
Temps de cuisson total
35 mn

160 g de pâtes fraîches
200 g de jambon cru dégraissé
50 g de crème allégée à 15 %
400 g de chou frisé
1 gousse d'ail
Sel, poivre

Valeur nutritionnelle par portion

- Protéines 18 g
- Glucides 36 g
- Lipides 10 g

Calories 303

PRÉPARATION DE LA GARNITURE

- Effeuiller et laver le chou.
- Couper les feuilles de chou en fines lanières.
- Éplucher et hacher la gousse d'ail.
- Couper le jambon en cubes.

CUISSON DU PLAT

- Faire cuire les lanières de chou à l'eau bouillante salée pendant 10 minutes.
- En fin de cuisson bien égoutter le chou.
- Dans une poêle anti-adhésive faire revenir sans matière grasse le chou avec l'ail haché pendant 10 minutes.
- Saler et poivrer légèrement.
- Ajouter la crème et le jambon.
- Laisser mijoter 2 à 3 minutes et garder au chaud.
- Pendant ce temps faire cuire les pâtes à l'eau bouillante salée.
- Puis une fois cuites, les égoutter.
- Les mélanger avec le chou.
- Laisser mijoter pendant 1 minute.

Les plats végétariens

•• Boulgour à la provençale

4 personnes

Temps de préparation
15 mn + 12 h trempage
Temps de cuisson total
1 h 30 mn

150 g de haricots secs crus
150 g de Boulgour (ou Bulgur)
400 g d'oignons
150 g de poivrons verts
150 g de tomates
1 gousse d'ail
200 ml d'eau
1 cuillère à soupe d'huile
1/2 cuillère à café de marjolaine
Sel, poivre

Valeur nutritionnelle par portion
- Protéines 13 g
- Glucides 49 g
- Lipides 7 g

Calories 309

PRÉPARATION DE LA GARNITURE
- Faire tremper les haricots secs 12 heures dans l'eau froide.
- Éplucher et émincer les oignons.
- Épépiner et émincer le poivron.
- Peler et couper les tomates en cubes.

Note : On peut utiliser des tomates concassées en boîte.
- Peler et hacher l'ail.

CUISSON DU BOULGOUR
- Mettre les haricots dans une casserole avec de l'eau froide non salée.
- Faire cuire à couvert pendant 1 heure puis les égoutter.
- Après la cuisson des haricots, faire revenir dans une sauteuse anti-adhésive les oignons et le poivron avec l'huile.
- Ajouter le Boulgour, les dés de tomate, les haricots, l'ail, la marjolaine, du sel et du poivre.
- Ajouter 200 ml d'eau, couvrir et laisser mijoter 25 minutes.

Le Boulgour est du blé concassé entier. On le trouve essentiellement en maison diététique. Vous pouvez le remplacer par du Pilpil (marque Céréal), qui est plus largement diffusé dans les grandes surfaces. L'un et l'autre peuvent par ailleurs être utilisés comme féculent à la place des pâtes ou du riz dans la plupart de vos plats, chauds ou froids.

•• Soufflé de pois cassés

4 personnes

Temps de préparation
10 mn + 12 h trempage
Temps de cuisson total
1 h 15

200 g de pois cassés
200 g d'oignons
4 œufs
1 cuillère à café d'huile
Sel, poivre, muscade

Valeur nutritionnelle par portion

◆	Protéines	19 g
◆	Glucides	35 g
◆	Lipides	8 g

Calories 285

- Faire tremper les pois cassés dans de l'eau froide pendant 12 heures.
- Éplucher et émincer les oignons.
- Égoutter les pois cassés puis les mettre dans une casserole avec les oignons émincés.
- Couvrir avec de l'eau froide non salée et les mettre à cuire pendant 45 minutes, jusqu'à ce qu'ils soient très tendres.
- Égoutter les pois et les laisser refroidir un peu.
- Les réduire en purée et ajouter le sel, le poivre et la muscade.
- Ajouter à la purée les 4 jaunes d'œufs.
- Monter les blancs d'œufs en neige puis les incorporer délicatement à la purée.
- Graisser un moule à soufflé avec l'huile.
- Verser dans le moule la préparation.
- Cuire au four à 200° pendant 30 minutes.

•• Œufs pochés florentins

4 personnes

Temps de préparation
35 mn
Temps de cuisson total
25 mn

4 œufs
800 g d'épinards
300 ml de lait écrémé
30 g de maïzena
(voir p. 68)
40 g de fromage râpé
100 ml de vinaigre blanc
100 g de pain de mie
(4 à 6 tranches)
Sel, poivre, muscade

Valeur nutritionnelle par portion
- Protéines 20 g
- Glucides 31 g
- Lipides 10 g

Calories 289

PRÉPARATION DE LA GARNITURE
- Équeuter et laver les épinards.
- Les faire cuire dans de l'eau bouillante salée pendant 5 minutes.
- Les refroidir aussitôt pour garder la couleur verte.
- Les égoutter et les presser entre les mains pour enlever le maximum d'eau.

PRÉPARATION DE LA SAUCE BÉCHAMEL
- Mélanger le lait avec la maïzena, du sel, du poivre et de la noix de muscade.
- Porter le tout à ébullition pour que la sauce épaississe.
- Mélanger les deux tiers de la sauce Béchamel avec les épinards.

CUISSON DES ŒUFS
- Dans une casserole, porter à ébullition 2 litres d'eau.
- Baisser légèrement le feu pour que l'eau frémisse.
- Ajouter le vinaigre blanc.
- Casser un œuf dans un bol et le verser dans l'eau, répéter cela pour chaque œuf.
- Les laisser cuire 3 minutes à l'eau frémissante.

FINITION DU PLAT
- Pendant ce temps, mettre les épinards dans un plat à gratin.
- Disposer les œufs pochés dessus.
- Napper avec le restant de la béchamel.
- Saupoudrer avec le fromage râpé.
- Faire gratiner le plat sous le gril du four.
- Servir avec les tranches de pain de mie grillées.

Note : On peut utiliser des œufs durs à la place des œufs pochés.

Les sauces

Plusieurs de nos recettes font appel à des sauces, froides ou chaudes selon le cas. Les pages suivantes vous détaillent leur préparation. Ces sauces peuvent bien sûr vous être utiles pour agrémenter d'autres plats que ceux issus des «recettes du chef».

Pour faciliter la préparation de vos plats, retenez que 100 g (en poids) de sauce correspondent à 100 ml (en volume), et qu'une cuillère à soupe rase de sauce correspond environ à 10 ml (ou à 10 g).

Mayonnaise allégée

Temps de préparation
10 mn

3 jaunes d'œufs
100 ml d'huile
100 g de moutarde
600 g de fromage blanc
à 0 %
5 cl de vinaigre rouge
Sel, poivre

Valeur nutritionnelle pour 100 g

- Protéines 6 g
- Glucides 3 g
- Lipides 12 g

Calories 145

- Séparer les jaunes d'œufs des blancs.
- Dans un saladier, mélanger, à l'aide d'un fouet, les jaunes d'œufs, la moutarde, du sel et du poivre.
- Incorporer l'huile en la versant doucement.
- Ajouter le fromage blanc puis le vinaigre.
- Rectifier l'assaisonnement.

Variantes : La mayonnaise peut s'utiliser nature ou bien aromatisée comme les exemples qui suivent :

— Tartare : ajouter cornichons, câpres et persil hachés.

— Cocktail : ajouter ketchup, sauce anglaise et un peu de Cognac.

— Sauce verte : ajouter des fines herbes hachées (persil, cerfeuil, ciboulette...).

— Sauce citron : remplacer le vinaigre par du jus de citron.

Sauce au yaourt

Temps de préparation
5 mn

2 yaourts
250 g de fromage blanc à 20 %
50 g de moutarde
100 ml de vinaigre rouge
Sel, poivre

Valeur nutritionnelle pour 100 g

- Protéines 5 g
- Glucides 3 g
- Lipides 3 g

Calories 60

- Dans un saladier mélanger tous les ingrédients.
- Saler et poivrer.

Variantes : On peut ajouter à la sauce des herbes hachées, des épices (curry, cumin, origan, paprika, safran...), remplacer le vinaigre par du jus de citron, utiliser des vinaigres parfumés (Xérès, framboise, échalote...) ou ajouter des aromates en suivant vos propres goûts.

Sauce au fromage blanc

Temps de préparation
2 mn

400 g de fromage blanc à 20 %
100 g de lait demi-écrémé
100 ml de vinaigre
50 g de moutarde
Sel, poivre

Valeur nutritionnelle pour 100 g
◆ Protéines 7 g
◆ Glucides 4 g
◆ Lipides 3 g

Calories 68

• Dans un saladier mélanger tous les ingrédients.
• Saler et poivrer.

Variantes : On peut ajouter à la sauce des herbes hachées, des épices (curry, cumin, origan, paprika, safran...), remplacer le vinaigre par du jus de citron, utiliser des vinaigres parfumés (Xérès, framboise, échalote...) ou ajouter des aromates en suivant vos propres goûts.

Vinaigrette de tomates

Temps de préparation
2 mn

450 g de pulpe de tomate
100 ml de vinaigre (au choix)
50 g de moutarde
2 cuillères à soupe d'herbes hachées
Sel, poivre

Valeur nutritionnelle pour 100 g

- Protéines 1 g
- Glucides 3 g
- Lipides 1 g

Calories 22

- Mélanger tous les ingrédients dans un saladier.
- Saler et poivrer.

Variante : On peut remplacer la pulpe toute prête par des tomates fraîches pelées et épépinées à passer au mixeur.

Sauce au roquefort

Temps de préparation
5 mn

Temps de cuisson 2 mn

4 cuillères à soupe d'huile
5 cuillères à soupe de vinaigre rouge
100 g de roquefort
20 g de lait écrémé en poudre
1 cuillère à café de gomme guar (voir p. 68)
400 ml d'eau
Sel, poivre

Valeur nutritionnelle pour 100 g

◆ Protéines	4 g
◆ Glucides	2 g
◆ Lipides	12 g

Calories 134

- Dans un bol, écraser le roquefort à la fourchette.
- Ajouter l'huile, le vinaigre, du sel et du poivre.
- Faire chauffer l'eau dans une casserole.
- Ajouter la gomme guar.
- Laisser cuire 2 minutes jusqu'à épaississement.
- Hors du feu, ajouter la poudre de lait et bien mélanger.
- Incorporer ensuite le mélange au roquefort.

Vinaigrette de légumes

Temps de préparation
5 mn

200 g de carottes
100 g de céleri branche
100 g de poivron rouge
100 ml de vinaigre
au choix (Xérès, cidre, framboise...)
50 g de moutarde
Sel, poivre

Valeur nutritionnelle pour 100 g

- Protéines 2 g
- Glucides 7 g
- Lipides 1 g

Calories 43

- Laver et éplucher tous les légumes.
- Les passer dans une centrifugeuse afin d'extraire le jus et la pulpe.
- Ajouter la moutarde, le vinaigre, du sel et du poivre.

Variantes : On peut utiliser tous les légumes ou fruits que l'on veut, remplacer le vinaigre par du citron, ajouter des épices, tout cela suivant les goûts de chacun.

Fond (ou bouillon) de volaille*

Temps de préparation
20 mn
Temps de cuisson total
1 h

2 carcasses de poulets
2 carottes
1 oignon
1 petit poireau
1 bouquet garni

- Laver et éplucher les légumes.
- Émincer les carottes et l'oignon.
- Couper les carcasses de poulets en petits morceaux.
- Mettre le tout dans une casserole avec 2 litres et demi d'eau froide.
- Porter à ébullition et laisser frémir pendant 1 heure.
- Écumer et dégraisser de temps en temps.
- En fin de cuisson, passer le fond dans une passoire très fine.
- Mettre le fond au réfrigérateur afin d'enlever la graisse qui aura figé en surface.

---

* Pour l'élaboration des fonds (ou bouillons) de veau ou de volaille, ainsi que pour celle des fumets de poisson, nous vous conseillons d'en réaliser une grande quantité puis de la congéler par portions d'un quart ou d'un demi-litre : elles pourront ainsi vous servir à divers moments.

Par ailleurs, si vous préférez ne pas les préparer vous-même, on trouve des préparations toutes prêtes dans le commerce :
— cubes de bouillon de volaille ou de bœuf dégraissé (marques Maggi, Knorr...) ;
— fumet de poisson, fond de veau, fond de volaille en poudre (marque Maggi).

Fumet de poisson*

Temps de préparation
10 mn
Temps de cuisson total
30 mn

1 kg d'arêtes de poissons blancs
1 petit poireau
1 oignon
2 échalotes
200 ml de vin blanc sec
1 bouquet garni

- Laver et éplucher les légumes.
- Émincer grossièrement les légumes.
- Mettre le tout dans une casserole avec 2 litres et demi d'eau froide.
- Porter le tout à ébullition et laisser frémir pendant 30 minutes.
- Écumer de temps en temps.
- En fin de cuisson passer le fumet dans une passoire très fine.

---

* Pour l'élaboration des fonds (ou bouillons) de veau ou de volaille, ainsi que pour celle des fumets de poisson, nous vous conseillons d'en réaliser une grande quantité puis de la congéler par portions d'un quart ou d'un demi-litre : elles pourront ainsi vous servir à divers moments.

Par ailleurs, si vous préférez ne pas les préparer vous-même, on trouve des préparations toutes prêtes dans le commerce :

— cubes de bouillon de volaille ou de bœuf dégraissé (marques Maggi, Knorr...) ;
— fumet de poisson, fond de veau, fond de volaille en poudre (marque Maggi).

Fond (ou bouillon) de veau*

Temps de préparation
35 mn
Temps de cuisson total
2 h 30 à 3 h

2 kg d'os de veau
3 carottes moyennes
2 oignons
1 bouquet garni
3 cuillères à soupe de concentré de tomate

- Casser les os en petits morceaux ou bien le demander à votre boucher.
- Faire colorer les os dans une plaque à rôtir au four chaud (250°) pendant 15 à 20 minutes.
- Éplucher les légumes et les couper en morceaux.
- Ajouter les légumes dans la plaque et laisser rôtir 10 minutes (les os doivent être colorés mais pas brûlés).
- Égoutter les os puis les mettre dans une marmite avec le bouquet garni et le concentré de tomate.
- Ajouter 4 l d'eau froide (surtout ne pas saler) puis faire bouillir 2 h à 2 h 30 à ébullition lente et régulière.
- Écumer et dégraisser régulièrement.
- En fin de cuisson passer le fond de veau à la passoire très fine.
- Il faut qu'il reste au moins 1 litre et demi de liquide.
- Mettre le fond de veau au réfrigérateur afin que la graisse, qui monte à la surface, fige.
- Enlever la graisse puis remettre à bouillir pendant 5 minutes.
- Le mettre à refroidir et enlever la graisse qui est montée.

---

* Pour l'élaboration des fonds (ou bouillons) de veau ou de volaille, ainsi que pour celle des fumets de poisson, nous vous conseillons d'en réaliser une grande quantité puis de la congeler par portions d'un quart ou d'un demi-litre : elles pourront ainsi vous servir à divers moments.

Par ailleurs, si vous préférez ne pas les préparer vous-même, on trouve des préparations toutes prêtes dans le commerce :
— cubes de bouillon de volaille ou de bœuf dégraissé (marques Maggi, Knorr...) ;
— fumet de poisson, fond de veau, fond de volaille en poudre (marque Maggi).

Les desserts

Afin qu'ils soient plus légers et vous permettent de maigrir plus vite, nous avons remplacé dans nos recettes tout ou partie du sucre par un édulcorant en poudre. Selon les recettes, vous utiliserez :

— un édulcorant spécial cuisson (nom de marque : Kara), indispensable en cas de cuisson à température supérieure à 100° :

— un édulcorant classique de table, en l'absence de cuisson ou en cas de cuisson à faible température (noms de marque : Canderel, Carte blanche, Monoprix La Forme, Sucrandel...).

Si vous n'avez pas besoin de maigrir et/ou si vous préférez les desserts au « vrai » sucre, n'hésitez pas à remplacer, dose par dose (en cuillerées à soupe), l'édulcorant par du sucre de table classique (blanc ou brun selon vos goûts).

Les recettes de génoise et de crème anglaise vous serviront pour la confection de plusieurs desserts.

Génoise

Pour une génoise

Temps de préparation
5 mn
Temps de cuisson total
1 h

4 œufs
125 g de farine
125 g de sucre
1/4 de sachet
de levure chimique

Valeur nutritionnelle pour un fond de génoise (8-10 personnes)
- ◆ Protéines 11 g
- ◆ Glucides 56 g
- ◆ Lipides 5 g

Calories 313

PRÉPARATION DE LA GÉNOISE
- Casser les œufs dans un bol supportant la chaleur.
- Ajouter le sucre et battre l'ensemble.
- Tamiser la farine avec la levure chimique.
- Mettre le bol sur une casserole remplie d'eau bouillante.
- Fouetter les œufs, tout en laissant frémir l'eau, pour bien les émulsionner.
- Surveiller la température : elle ne doit pas dépasser 70°.
- Arrivé à température, sortir le bol et continuer à fouetter jusqu'à refroidissement complet.
- Mélanger délicatement la farine.

CUISSON DE LA GÉNOISE
- Graisser légèrement un moule anti-adhésif de 20 à 22 cm ou bien le chemiser avec du papier sulfurisé.
- Verser la pâte dans le moule.
- Mettre à cuire au four à 180° pendant 30 à 40 minutes.
- Pour reconnaître si la génoise est cuite, tremper dans la pâte une pointe de couteau : si elle ressort sèche c'est que la pâte est cuite.

Note : On trouve dans le commerce des génoises toutes faites.

La génoise ne constitue pas en soi un dessert, mais sera incorporée à d'autres recettes. En la coupant en 4 selon un plan transversal, vous obtiendrez 4 fonds de génoise circulaires de 20 - 25 cm de diamètre ; chacun vous servira de support léger pour vos tartes ou vos pâtisseries (voir recettes pages suivantes).

• Crème anglaise et île flottante

Temps de préparation
10 mn
Temps de cuisson total
15 mn

1 l de lait écrémé
8 jaunes d'œufs
8 cuillères à soupe d'édulcorant spécial cuisson

Valeur nutritionnelle pour 100 g

- Protéines 5 g
- Glucides 4 g
- Lipides 4 g

Calories 70

- Séparer les jaunes des blancs d'œufs.
- Mélanger les jaunes avec l'édulcorant spécial cuisson et un demi-verre de lait.
- Faire bouillir le restant de lait.
- Verser le lait bouillant sur les jaunes en remuant bien avec un fouet.
- Remettre le mélange dans la casserole.
- Continuer à cuire la crème sur un feu doux en remuant avec une spatule en bois.
- La crème est cuite quand elle nappe bien la spatule.
- Continuer à remuer la crème pendant 2 à 3 minutes après l'avoir sortie du feu afin d'en abaisser la température.

Si la crème est trop cuite et qu'elle présente des petits points jaunes, passez-la au mixeur, elle redeviendra lisse.

Suggestion : On peut monter les 8 blancs en neige avec 50 g de sucre et 20 g d'édulcorant spécial cuisson puis les pocher à l'eau frémissante pendant 3 à 4 minutes pour réaliser des îles flottantes.

Pour obtenir un dessert à 1 point, vous prendrez soit 200 g de crème anglaise soit une île flottante comprenant 100 g de crème anglaise et le quart des blancs d'œufs montés en neige.

• Chantilly allégée

4 personnes

Temps de préparation
10 mn

8 petits-suisses à 30 %
2 blancs d'œufs
2 cuillères à soupe de sucre
1 cuillère à soupe d'édulcorant de table
1 cuillère à café de vanille liquide

Valeur nutritionnelle par portion
- ◆ Protéines 6 g
- ◆ Glucides 13 g
- ◆ Lipides 1 g

Calories 89

- Mélanger les petits-suisses avec l'édulcorant et la vanille.
- Monter les blancs en neige en incorporant, un peu avant la fin, le sucre.
- Incorporer délicatement les blancs aux petits-suisses.
- Se sert très frais.

Pour obtenir un dessert à 1 point, vous pouvez prendre une portion de Chantilly pour agrémenter 150 g de fruits rouges (cassis, fraises, framboises, myrtilles...) ou 2 boules de sorbet.

• Gratin de fruits rouges

4 personnes

Temps de préparation
5 mn
Temps de cuisson total
15 mn

500 g de fruits rouges frais (fraises ou framboises)
2 jaunes d'œufs
100 g de fromage blanc à 40 %
1 cuillère à soupe d'édulcorant spécial cuisson

Valeur nutritionnelle par portion
- ◆ Protéines 6 g
- ◆ Glucides 12 g
- ◆ Lipides 6 g

Calories 121

PRÉPARATION DE LA GARNITURE
- Laver et couper les fruits en morceaux.
- Disposer les morceaux de fruits dans quatre petits ramequins supportant le four.

MONTAGE DU SABAYON
- Mettre les jaunes d'œufs dans une petite casserole avec l'édulcorant spécial cuisson et une cuillère à soupe de fromage blanc.
- Mettre cette casserole dans une autre plus grande remplie d'eau mise à bouillir sur un brûleur.
- Fouetter vigoureusement les jaunes afin qu'ils deviennent mousseux et fermes.

Note : Il faut surveiller la température des œufs, qui ne doit pas dépasser 60° ; pour cela, sortez de temps en temps la casserole de l'eau tout en continuant à fouetter.
- Quand les jaunes sont crémeux et fermes, sortir la casserole du bain-marie et continuer à battre afin de baisser la température.

DRESSAGE DU GRATIN
- Mélanger le restant de fromage blanc au sabayon.
- Verser le sabayon sur les fruits.
- Passer les ramequins sous le gril du four 2 à 3 minutes pour gratiner.
- Servir aussitôt.

• Sultan au chocolat

10 personnes

Temps de préparation
20 mn
Temps de cuisson total
15 mn

400 g de crème anglaise
35 g de cacao dégraissé en poudre
8 feuilles de gélatine (voir p. 67)
250 g de poires
400 g de fromage blanc à 0 %
1 fond de génoise (voir p. 236)
4 cuillères à soupe d'édulcorant spécial cuisson

DÉCOR
300 g de crème anglaise
15 g de cacao dégraissé en poudre

Valeur nutritionnelle par portion
- ◆ Protéines 10 g
- ◆ Glucides 14 g
- ◆ Lipides 4 g

Calories 136

PRÉPARATION DES POIRES
- Nettoyer, peler et enlever les pépins des poires.
- Faire pocher les poires dans un sirop fait avec 1/4 l d'eau et l'édulcorant spécial cuisson.

PRÉPARATION DE LA CRÈME
- Faire tremper les feuilles de gélatine dans de l'eau froide pendant 10 minutes.
- Mélanger la crème anglaise (voir recette p. 237) avec la poudre de cacao.
- Ajouter le fromage blanc.
- Faire dissoudre la gélatine dans une casserole avec une cuillère à soupe d'eau ou d'alcool au choix, en la faisant chauffer légèrement.
- Verser la gélatine dans la crème en remuant énergiquement avec un fouet (surtout que la crème ne soit pas trop froide, sinon la gélatine figerait aussitôt et le gâteau ne tiendrait pas).

DRESSAGE DU SULTAN
- Garnir un cercle à entremets de 20 cm de diamètre et 4 cm de haut avec un fond de génoise (voir recette p. 236).
- Poser sur la génoise les poires pochées coupées en tranches.
- Verser dessus la crème.
- Passer au réfrigérateur pendant au moins 3 heures.
- Au moment de servir, saupoudrer le sultan avec le cacao en poudre.
- Servir accompagné de crème anglaise.

• Mousse à l'orange

8 personnes

Temps de préparation
25 mn
Temps de cuisson total
10 mn

150 ml de lait entier
1/4 l de jus d'orange
5 jaunes d'œufs
30 g de maïzena
(voir p. 68)
4 feuilles de gélatine
(voir p. 67)
7 blancs d'œufs
100 g de sucre
6 cuillères à soupe
d'édulcorant de table
Zestes d'orange

Valeur nutritionnelle par portion
- Protéines 7 g
- Glucides 20 g
- Lipides 4 g

Calories 145

PRÉPARATION DE LA CRÈME
- Avec un couteau économe, éplucher une orange.
- Tailler la peau ainsi obtenue en fines lanières.
- Faire blanchir les zestes d'orange 2 minutes à l'eau bouillante.
- Presser le jus d'orange.
- Mettre les feuilles de gélatine à tremper dans de l'eau froide pendant 10 minutes.

CUISSON DE LA CRÈME
- Faire bouillir le lait, le jus d'orange et les zestes.
- Mélanger dans un petit saladier les jaunes d'œufs et la maïzena.
- Verser le liquide bouillant sur les jaunes tout en remuant avec un fouet.
- Remettre à bouillir.
- Ajouter en fin de cuisson les feuilles de gélatine en remuant jusqu'à ce qu'elles soient bien dissoutes.

FINITION DE LA MOUSSE ET DRESSAGE
- Monter les blancs d'œufs en neige en ajoutant à la fin le sucre et l'édulcorant.
- Mélanger les blancs avec la crème chaude, délicatement afin de ne pas trop faire tomber les blancs.
- Verser la mousse dans des ramequins et passer au réfrigérateur.
- On peut décorer les ramequins avec des quartiers d'orange, fraises, feuilles de menthe ...

• Mille-feuilles de pommes

10 personnes

Temps de préparation
35 mn
Temps de cuisson total
10 mn

800 g de pommes Canada
700 ml de crème anglaise (voir recette p. 237)
400 g de fromage blanc à 0 %
8 feuilles de gélatine (voir p. 67)
40 ml de rhum
1 fond de génoise (voir p. 230)
9 cuillères à soupe d'édulcorant spécial cuisson

Valeur nutritionnelle par portion

◆ Protéines	9 g
◆ Glucides	19 g
◆ Lipides	3 g
◆ Alcool	1 g

Calories 152

PRÉPARATION DES POMMES DE PRÉFÉRENCE LA VEILLE

- Éplucher les pommes et les tailler en rondelles fines (1 mm).
- Les faire pocher dans un sirop fait avec 1/2 l d'eau et 5 cuillères à soupe d'édulcorant spécial cuisson pendant 2 minutes à feu doux puis les laisser refroidir hors du réfrigérateur.

PRÉPARATION DE LA CRÈME

- Faire ramollir les feuilles de gélatine dans de l'eau froide.
- Mélanger 400 g de crème anglaise avec le fromage blanc.
- Ajouter 4 cuillères à soupe d'édulcorant spécial cuisson.
- Faire dissoudre la gélatine avec la moitié du rhum sur feu doux sans faire bouillir.
- Verser le rhum dans la crème et surtout bien remuer avec un fouet pour que la gélatine se mélange bien.

DRESSAGE DU MILLE-FEUILLES

- Poser un cercle à entremets de 20 cm de diamètre et 4 cm de haut sur un plat recouvert d'une feuille de cellofrais.
- Mettre une couche de pommes puis une couche de crème et ainsi de suite (le mille-feuilles est monté à l'envers).
- Recouvrir la crème avec le fond de génoise.
- Mettre le gâteau au réfrigérateur au moins 3 heures.
- Retourner le gâteau sur un plat et enlever le cercle.
- Servir avec le reste de la crème anglaise aromatisée par le restant de rhum.

• Mousse au chocolat

4 personnes

Temps de préparation
20 mn
Temps de cuisson total
10 mn

125 ml de lait
1/2 écrémé
10 g de maïzena
(voir p. 68)
2 jaunes d'œufs
20 g de cacao dégraissé
2 feuilles de gélatine
4 blancs d'œufs
60 g de sucre
3 à 4 cuillères à soupe d'édulcorant de table

Valeur nutritionnelle par portion
- Protéines 9 g
- Glucides 19 g
- Lipides 4 g

Calories 149

PRÉPARATION ET CUISSON DE LA CRÈME
- Faire tremper les feuilles de gélatine dans de l'eau froide pendant 10 minutes.
- Mélanger les jaunes d'œufs avec la maïzena et une cuillère à soupe de lait.
- Porter le lait à ébullition puis le verser sur les jaunes d'œufs.
- Remettre la crème à bouillir puis incorporer les feuilles de gélatine.

PRÉPARATION DE LA MOUSSE
- Monter les blancs d'œufs en neige en incorporant à la fin le sucre et l'édulcorant.
- Mélanger le cacao en poudre avec la crème chaude.
- Mélanger les blancs en neige délicatement dans la crème encore chaude.
- Verser dans des ramequins et laisser refroidir.

Variante : On peut faire infuser un zeste d'orange dans le lait ou ajouter un petit peu d'extrait de café dans la mousse.

• Tarte au citron

8 personnes

Temps de préparation
15 mn
Temps de cuisson total
10 mn

1/4 l de jus de citron
7 œufs
100 g de fromage blanc à 40 %
2 feuilles de gélatine (voir p. 68)
1 fond de génoise (voir recette p. 236)
6 cuillères à soupe d'édulcorant spécial cuisson

DÉCOR
2 citrons
200 g de pulpe de fraises ou framboises
1 à 2 cuillères à soupe d'édulcorant de table

Valeur nutritionnelle par portion

- ◆ Protéines 10 g
- ◆ Glucides 13 g
- ◆ Lipides 6 g

Calories 146

PRÉPARATION DE LA TARTE

- Peler les deux citrons du décor et les couper en rondelles.
- Faire tremper les feuilles de gélatine dans de l'eau froide.
- Garnir un cercle à entremets de 20 cm de diamètre avec le fond de génoise.

CUISSON DE LA CRÈME AU CITRON

- Mélanger le jus de citron, les œufs et l'édulcorant spécial cuisson.
- Mettre à bouillir le mélange dans une casserole tout en remuant bien avec un fouet afin qu'il n'accroche pas ; il faut le laisser bouillir 1 minute.
- Incorporer les feuilles de gélatine.
- Ajouter le fromage blanc.

DRESSAGE DE LA TARTE

- Verser la crème sur le fond de génoise.
- Décorer avec les rondelles de citron et la passer au réfrigérateur.
- Mixer la pulpe de fruits rouges avec 100 ml d'eau et l'édulcorant spécial cuisson.
- Enlever le cercle et servir la tarte avec le coulis de fruits rouges.

• Miroir aux framboises

10 personnes

Temps de préparation
20 mn

400 g de fromage blanc à 40 %
400 g de pulpe de framboises
125 g de framboises
7 feuilles de gélatine (voir p. 67)
3 à 4 cuillères à soupe d'édulcorant de table
1 fond de génoise (voir recette p. 236)

NAPPAGE
100 g de pulpe de framboises
2 feuilles de gélatine

Valeur nutritionnelle par portion
- Protéines 8 g
- Glucides 15 g
- Lipides 5 g

Calories 133

- Mettre à tremper la gélatine dans un récipient d'eau pendant 10 minutes.
- Dans une casserole, faire chauffer 50 g de pulpe des framboises.
- Ajouter la gélatine et remuer jusqu'à ce qu'elle soit complètement dissoute.
- Dans un saladier, mélanger le fromage blanc, la pulpe de framboises, l'édulcorant et la gélatine.

MONTAGE DU MIROIR
- Poser un cercle à entremets de 20 cm de diamètre et 5 cm de haut sur un plat de service.
- Garnir le cercle avec un fond de génoise.
- Disposer sur la génoise les framboises entières.
- Verser la mousse dessus et bien égaliser.
- Mettre au réfrigérateur pendant 2 à 3 heures.

GLAÇAGE DU MIROIR
- Mettre à tremper les 2 feuilles de gélatine dans de l'eau froide.
- Faire tiédir le coulis de framboises pour faire dissoudre la gélatine.
- Verser le coulis sur le gâteau.
- Passer au réfrigérateur pendant 30 minutes.

Variante : On peut faire le miroir avec presque tous les fruits sauf avec les agrumes et l'ananas.

•• Aumônière aux fruits

4 personnes

Temps de préparation
25 mn
Temps de cuisson total
15 mn

6 feuilles de brick
1/4 l de lait écrémé
1 œuf
25 g de farine
100 g de poire
100 g de pêche
100 g de nectarine
250 g de fraise
20 g de beurre allégé
1 cuillère à soupe de menthe hachée
3 cuillères à soupe d'édulcorant spécial cuisson

Valeur nutritionnelle par portion

◆ Protéines	10 g
◆ Glucides	40 g
◆ Lipides	5 g

Calories 248

CUISSON DE LA CRÈME PÂTISSIÈRE

- Mélanger l'œuf, la farine et 2 cuillères à soupe d'édulcorant spécial cuisson dans un saladier.
- Mettre le lait à bouillir.
- Quand le lait entre en ébullition, le verser dans le saladier en remuant énergiquement.
- Vider le saladier dans la casserole et remettre à bouillir le tout.

PRÉPARATION DE L'AUMÔNIÈRE

- Nettoyer et éplucher tous les fruits.
- Réserver 150 g de fraises pour plus tard.
- Couper tous les autres fruits en petits morceaux comme pour une salade de fruits.

FINITION DES AUMÔNIÈRES

- Étaler sur la table 4 feuilles de brick.
- Avec un pinceau étaler le beurre fondu sur les feuilles.
- Couper les deux autres en deux et les plier en deux.
- Poser les demi-feuilles de brick au centre des feuilles entières.

Note : Cela a pour but de renforcer le fond afin que la crème ne passe pas au travers.

- Mettre de la crème pâtissière au centre des feuilles.
- Disposer dessus les fruits et saupoudrer avec la menthe hachée.
- Refermer les aumônières en fronçant les bords pour en faire une bourse.

- Avec un bout de ficelle de cuisine, serrer le haut de l'aumônière afin qu'elle ne s'ouvre pas à la cuisson.
- Mixer le reste des fraises (150 g) avec 1 cuillère à soupe d'édulcorant de table.
- Disposer les aumônières sur une plaque à pâtisserie.
- Les passer au four à 200° pendant 3 à 4 minutes jusqu'à ce que la pâte soit colorée.
- Napper les assiettes avec le coulis de fraises et poser les aumônières dessus.

Note : Enlever la ficelle avant de servir.

Variante : On peut remplacer la menthe par un peu d'alcool et on peut mettre d'autres variétés de fruits (mais éviter les fruits trop juteux : prunes, raisin, etc.).

• Papillotes de poires à la menthe

4 personnes

Temps de préparation
20 mn
Temps de cuisson total
15 mn

600 g de poires mûres
100 g de jus d'oranges
2 cuillères de menthe hachée
20 g de beurre allégé
Édulcorant spécial cuisson

Valeur nutritionnelle par portion

- ◆ Protéines 1 g
- ◆ Glucides 23 g
- ◆ Lipides 2 g

Calories 115

- Nettoyer et éplucher les poires.
- Les couper en deux et enlever les pépins.
- Les couper en tranches de 2 à 3 minutes d'épaisseur.
- Prendre 4 feuilles de papier d'aluminium de 30 cm.
- Disposer les tranches de poires sur les feuilles d'aluminium.
- Ajouter le jus d'oranges, le beurre, la menthe hachée et de l'édulcorant spécial cuisson suivant votre goût.
- Replier les feuilles en deux sur elles-mêmes.
- Replier les bords sur eux-mêmes en bande de 1 cm et cela 3 ou 4 fois.

Note : Il faut que les papillotes soient bien étanches et que les bords ne se déplient pas.

- Mettre les papillotes sur une plaque à pâtisserie.
- Les mettre à cuire au four à 180° pendant 10 à 15 minutes.

Note : Elles doivent être bien gonflées en fin de cuisson.

• Mousseline de pommes vertes

4 personnes

Temps de préparation
10 mn
Temps de cuisson total
20 mn

400 g de pommes Grany Smith
2 œufs
1 cuillère à soupe d'édulcorant spécial cuisson
Jus d'1/2 citron
25 g de crème allégée à 15 % de MG
15 g de maïzena
(voir p. 68)

Valeur nutritionnelle par portion

- Protéines 4 g
- Glucides 17 g
- Lipides 4 g

Calories 117

- Éplucher et épépiner les pommes.
- Délayer la maïzena avec le jus de citron.
- Mixer les pommes avec la maïzena délayée.
- Mélanger dans un saladier les œufs avec l'édulcorant spécial cuisson.
- Ajouter la purée de pommes.
- Remplir 4 ramequins allant au four avec le mélange.
- Faire cuire les flans au bain-marie dans le four à 150° pendant 20 minutes.

Note : Ils peuvent se manger tiède ou froid. Décorer éventuellement avec des tranches de pommes.

• Mousse aux fraises

4 personnes

Temps de préparation
20 mn

250 g de fraises
3 feuilles de gélatine (voir p. 67)
50 g de fromage blanc à 40 %
1 cuillère à café d'édulcorant de table
1 jus de citron
2 blancs d'œufs
40 g de sucre

Valeur nutritionnelle par portion
- Protéines 5 g
- Glucides 15 g
- Lipides 1 g

Calories 96

- Mettre à tremper les feuilles de gélatine dans de l'eau froide.
- Pendant ce temps laver et équeuter les fraises puis les mixer très finement.
- Incorporer le fromage blanc et l'édulcorant à la purée de fraises.
- Faire chauffer le jus de citron.
- Faire dissoudre les feuilles de gélatine dans le jus de citron chaud.
- Incorporer le jus de citron à la purée de fraises en mélangeant bien afin que la gélatine soit bien répartie dans toute la masse.
- Monter les blancs en neige en incorporant, 2 à 3 minutes avant la fin, le sucre.

Note : On peut monter les blancs d'œufs en neige avec de l'édulcorant, mais ils tiendront alors moins bien.

- Verser le mélange dans des ramequins.
- Placer au frais pendant 2 à 3 heures.

• Pêches au vin rouge

4 personnes

Temps de préparation
5 mn
Temps de cuisson total
15 mn

800 g de pêches
300 ml de vin rouge (Bordeaux)
20 ml de Cognac
1 gousse de vanille
1/2 bâton de cannelle
5 grains de poivre
2 clous de girofle
4 cuillères à soupe d'édulcorant spécial cuisson

Valeur nutritionnelle par portion
- Protéines 1 g
- Glucides 24 g
- Lipides 1 g

Calories 102

- Peler et dénoyauter les pêches.
- Couper chaque demi-pêche en deux.
- Mettre le vin rouge, le Cognac, l'édulcorant spécial cuisson et toutes les épices dans une casserole.
- Porter le tout à ébullition, puis baisser le feu et laisser frémir 10 minutes.
- Mettre les pêches dans le liquide et laisser cuire 5 minutes.
- Mettre les quartiers de pêches dans un saladier.
- Verser le liquide sur les pêches en le filtrant à l'aide d'une passoire très fine.
- Servir bien froid avec quelques feuilles de menthe pour décorer.

Poires pochées sauce chocolat

4 personnes

Temps de préparation
10 mn
Temps de cuisson total
20 mn

600 g de poires
(4 pièces)
30 g de cacao dégraissé
en poudre
1 jaune d'œuf
100 ml de lait écrémé
1 cuillère à soupe
de crème allégée à 15 %
3 cuillères à soupe
d'édulcorant spécial
cuisson

Valeur nutritionnelle par portion
- Protéines 4 g
- Glucides 22 g
- Lipides 4 g

Calories 144

PRÉPARATION DES POIRES
- Éplucher les poires.
- Les couper en deux sur le sens de la longueur et les épépiner.
- Mettre les poires dans une casserole avec un demi-litre d'eau froide et deux cuillères à soupe d'édulcorant spécial cuisson.

Note : On peut ajouter le jus d'un demi-citron aux poires.
- Porter le liquide à ébullition.
- Baisser le feu et laisser cuire à couvert pendant 10 minutes.

Note : Il se peut que les poires soient plus longues à cuire ; vérifier la cuisson à l'aide d'une pointe de couteau.
- En fin de cuisson mettre à refroidir les poires.

PRÉPARATION DE LA SAUCE CHOCOLAT
- Faire chauffer à feu doux le lait avec le cacao et 1 cuillère à soupe d'édulcorant spécial cuisson.
- Laisser cuire au moins 10 minutes en veillant bien à ce que le mélange ne bouille pas : en chauffant, le chocolat va lier le lait.
- Une fois que la sauce au chocolat donne l'aspect d'une crème anglaise, la retirer du feu.

DRESSAGE DES POIRES
- Incorporer à la sauce chocolat la crème fraîche et le jaune d'œuf.
- Égoutter les poires.
- Les disposer dans quatre raviers.

- Napper les morceaux de poires avec la sauce chocolat.
- Décorer avec des feuilles de menthe.

Variante : On peut remplacer les poires par :

— 3 abricots par personne (2 minutes de cuisson) ;

— 150 g de pêche par personne (5 minutes de cuisson) ;

— 100 g de banane par personne (1 minute de cuisson).

• Clafoutis aux groseilles

4 personnes

Temps de préparation
10 mn
Temps de cuisson total
40 mn

1/4 de litre de lait demi-écrémé
2 œufs
30 g de maïzena
(voir p. 68)
3 cuillères à soupe d'édulcorant spécial cuisson
200 g de groseilles

Valeur nutritionnelle par portion
- Protéines 9 g
- Glucides 13 g
- Lipides 7 g

Calories 151

- Délayer la maïzena dans le lait froid.
- Battre les œufs avec l'édulcorant spécial cuisson dans un saladier et ajouter le lait.
- Graisser légèrement un plat allant au four à l'aide de papier absorbant imbibé d'un peu d'huile.
- Disposer les groseilles au fond du plat.
- Verser dessus la préparation.
- Cuire au four à 200° pendant 30 à 40 minutes.

• Crème douce à la vanille

4 personnes

Temps de préparation
5 mn
Temps de cuisson total
20 mn

600 ml de lait
3 œufs
1/2 gousse de vanille
3 cuillères à soupe d'édulcorant spécial cuisson

Valeur nutritionnelle par portion

- Protéines 10 g
- Glucides 7 g
- Lipides 6 g

Calories 124

- Faire bouillir le lait avec la demi-gousse de vanille coupée en deux dans le sens de la longueur.
- Dans un saladier, battre les œufs avec l'édulcorant spécial cuisson.
- Retirer du lait la gousse de vanille.
- Verser le lait bouillant sur les œufs en continuant à battre énergiquement.
- Verser la préparation dans des petits ramequins individuels.
- Faire cuire au bain-marie dans le four à 160° pendant 20 minutes.

Variante : On peut remplacer la vanille par une cuillère à soupe d'extrait de café ou 40 g de cacao dégraissé en poudre.

• Poires soufflées

4 personnes

Temps de préparation
15 mn
Temps de cuisson total
10 à 15 mn

500 g de poires
(4 pièces)
2 œufs
1 jus de citron
2 cuillères à soupe
d'édulcorant spécial
cuisson
1 sachet de sucre vanillé
1 cuillère à café
de vanille liquide

Valeur nutritionnelle
par portion
- Protéines 7 g
- Glucides 18 g
- Lipides 6 g

Calories 156

PRÉPARATION DES POIRES
- Laver et couper les poires en deux dans le sens de la longueur.
- Retirer les pépins.
- Retirer à l'aide d'une cuillère à café la chair des demi-poires.
- Laisser un demi-centimètre de chair avec la peau afin que la coque tienne.
- Mixer la chair avec le jus de citron, l'édulcorant spécial cuisson et la vanille.

PRÉPARATION DE L'ACCOMPAGNEMENT
- Séparer les jaunes des blancs.
- Mélanger les jaunes à la purée de poires.
- Monter les blancs d'œufs en neige en ajoutant à la fin le sucre vanillé.
- Incorporer délicatement les blancs à la purée.

CUISSON DES POIRES
- Mettre les coques des poires dans une plaque à rôtir avec un demi-centimètre d'eau citronnée.
- Garnir les coques avec l'accompagnement.
- Juste avant de servir, cuire au four à 200° pendant 10 à 15 minutes.

• Cheese-cake aux pêches

4 personnes

Temps de préparation
10 mn
Temps de cuisson total
50 mn

1 yaourt nature
200 g de fromage blanc à 0 %
3 œufs
40 g de maïzena (voir p. 68)
300 g de pêches dénoyautées
5 g de beurre allégé
4 cuillères à soupe d'édulcorant spécial cuisson

Valeur nutritionnelle par portion
- ◆ Protéines 11 g
- ◆ Glucides 14 g
- ◆ Lipides 6 g

Calories 157

- Dénoyauter et couper les pêches en quartiers.
- Dans un saladier, mélanger le fromage blanc, le yaourt, la maïzena et l'édulcorant spécial cuisson.
- Ajouter les 3 jaunes à la pâte, en fouettant vivement.
- Monter les blancs d'œufs en neige.
- Incorporer délicatement les blancs à la pâte.
- Graisser un moule à manqué (moule plat et rond, à bords assez hauts) avec le beurre allégé.
- Verser la pâte dans le moule.
- Disposer dessus les quartiers de pêches.
- Cuire au four à 180° pendant 50 minutes.
- Démouler et laisser refroidir avant de servir.

Note : On peut mettre un rond de papier sulfurisé au fond du moule avant de verser la pâte pour être sûr du démoulage.

•• Flan aux bananes caramélisées

4 personnes

Temps de préparation
10 mn
Temps de cuisson total
25 mn

400 g de bananes
400 ml de lait demi-écrémé
4 œufs
100 ml de jus d'orange
20 ml de rhum
40 g de poudre d'amandes
4 cuillères à soupe d'édulcorant spécial cuisson

Valeur nutritionnelle par portion
- Protéines 14 g
- Glucides 27 g
- Lipides 11 g

Calories 260

CUISSON DES BANANES
- Éplucher les bananes.
- Les partager en deux dans le sens de la longueur puis chaque morceau en deux.
- Dans une poêle anti-adhésive faire revenir les bananes 1 minute sur chaque face.
- Flamber avec le rhum puis ajouter le jus d'orange.
- Laisser cuire 1 minute.

PRÉPARATION DU FLAN
- Mélanger dans un saladier le lait, les œufs, l'édulcorant spécial cuisson et le jus de cuisson des bananes.
- Disposer les morceaux de bananes dans un plat à gratin ou bien dans des ramequins individuels.
- Verser dessus le mélange lacté.

CUISSON DU FLAN
- Mettre le moule dans une plaque à rôtir avec de l'eau chaude au fond.
- Faire cuire au four à 170° pendant 20 minutes.

Note : Pour vérifier la cuisson, tremper une pointe de couteau : elle doit ressortir sèche.

• Crêpes normandes

4 personnes

Temps de préparation
30 mn
Temps de cuisson total
15 mn

50 g de farine
200 ml de lait écrémé
2 œufs
200 g de fromage blanc à 0 %
200 ml de Calvados
Édulcorant de table à votre convenance

Valeur nutritionnelle par portion

- ♦ Protéines 11 g
- ♦ Glucides 14 g
- ♦ Lipides 3 g
- ♦ Alcool 2 g

Calories 136

- Dans un saladier mélanger la farine et les œufs.
- Délayer avec le lait, la pâte ainsi obtenue doit être légèrement épaisse.
- La laisser reposer 20 minutes.
- Pendant ce temps, mélanger le fromage blanc avec le Calvados ; y ajouter l'édulcorant à votre convenance.
- Avec une poêle anti-adhésive faire cuire les crêpes.

Note : On peut légèrement graisser la poêle avec un bout de gaze imbibée d'huile.

- Quand les crêpes sont cuites, les garnir avec le fromage blanc.

• Bavarois de rhubarbe au coulis de framboises

4 personnes

Temps de préparation
20 mn
Temps de cuisson total
25 mn

500 g de rhubarbe
100 ml de jus de citron
50 ml de vin blanc doux (Muscat, Sauternes ...)
200 g de fromage blanc à 40 %
8 feuilles de gélatine (voir p. 67)
250 g de framboises
4 à 6 cuillères à soupe d'édulcorant de table

Valeur nutritionnelle par portion

- Protéines 9 g
- Glucides 13 g
- Lipides 4 g
- Alcool 3 g

Calories 144

PRÉPARATION DE LA RHUBARBE

- Laver et éplucher la rhubarbe.
- La couper en morceaux.
- Mettre la rhubarbe dans une casserole avec de l'eau à hauteur et la moitié du jus de citron.
- Porter à ébullition et laisser cuire 25 minutes.
- En fin de cuisson, bien égoutter la rhubarbe, mais garder le jus de cuisson.

PRÉPARATION DE L'APPAREIL À BAVAROIS

- Faire tremper pendant 10 minutes les feuilles de gélatine à l'eau froide.
- Mixer très finement la chair de la rhubarbe.
- Faire dissoudre la gélatine dans 300 ml de jus de cuisson.
- Mélanger la pulpe, les 300 ml de jus de cuisson, le vin blanc, le fromage blanc et 3 ou 4 cuillères d'édulcorant suivant son goût.
- Verser l'appareil dans un moule et laisser prendre au réfrigérateur pendant 3 heures.

PRÉPARATION DU COULIS DE FRAMBOISES

- Mixer les framboises avec le restant du jus de citron, 50 ml d'eau froide et 1 à 2 cuillères d'édulcorant.
- Passer le coulis au chinois (passoire très fine) afin d'enlever les pépins.

Dressage du bavarois

- Démouler le bavarois en trempant, pas trop longtemps, le moule dans un récipient d'eau chaude.
- Napper avec le coulis de framboises.

•• Gâteau de semoule aux kiwis

4 personnes

Temps de préparation
10 mn
Temps de cuisson total
25 mn

60 g de semoule fine
400 ml de lait
500 g de kiwis
2 œufs
10 ml de rhum
4 cuillères à soupe d'édulcorant spécial cuisson

Valeur nutritionnelle par portion

- Protéines 11 g
- Glucides 31 g
- Lipides 7 g

Calories 230

PRÉPARATION DE BASE

- Éplucher et couper un tiers des kiwis en dés.
- Mixer le restant de kiwis.
- Séparer les jaunes des blancs d'œufs.

CUISSON DE LA SEMOULE

- Faire bouillir le lait avec 2 cuillères à soupe d'édulcorant spécial cuisson et le rhum.
- Verser ensuite la semoule en pluie, tout en remuant, sur le lait bouillant.
- Laisser cuire 5 à 10 minutes jusqu'à ce que la semoule ait bien absorbé le lait.
- Ajouter aussitôt les jaunes d'œufs puis les morceaux de kiwis.

CUISSON DU GÂTEAU

- Monter les blancs en neige avec 2 cuillères à soupe d'édulcorant spécial cuisson.
- Incorporer les blancs délicatement à la semoule.
- Verser le mélange dans un moule à manqué légèrement graissé.

Note : On peut mettre un morceau de papier sulfurisé au fond du moule pour être sûr de le démouler.

- Mettre le gâteau à cuire au four à 180° pendant 15 minutes.
- Quand le gâteau est froid, le démouler et le napper avec le coulis de kiwis.

• Citrons givrés

4 personnes

Temps de préparation
15 mn
Temps de cuisson total
10 mn

100 ml de lait
20 g de crème allégée à 15 %
4 citrons
3 œufs
1 cuillère à soupe de maïzena (voir p. 68)
2 feuilles de gélatine (voir p. 67)
30 g de sucre
2 cuillères à soupe d'édulcorant de table

Valeur nutritionnelle par portion

- ◆ Protéines 7 g
- ◆ Glucides 13 g
- ◆ Lipides 6 g

Calories 132

PRÉPARATION DE BASE

- Couper les citrons en deux.
- Presser le jus des citrons puis retirer le restant de la chair à l'aide d'une cuillère afin de garder les coques.
- Séparer les jaunes des blancs d'œufs.
- Faire tremper les feuilles de gélatine dans de l'eau froide.

CUISSON DE LA CRÈME

- Mélanger les jaunes d'œufs avec la maïzena.
- Faire bouillir dans une casserole le lait, la crème et 150 ml de jus de citron.

Note : S'il vous reste un peu de jus de citron, le garder au réfrigérateur pour une utilisation ultérieure.

- Verser en remuant le liquide bouillant sur les jaunes d'œufs.
- Remettre à cuire la crème sur le feu jusqu'à ce qu'elle reprenne l'ébullition.
- Incorporer les feuilles de gélatine.

FINITION DE LA MOUSSE

- Monter les blancs en neige en incorporant à la fin le sucre et l'édulcorant.
- Incorporer les blancs à la crème chaude.
- Garnir les coques de citrons avec la mousse encore chaude (à l'aide d'une poche à douilles si vous en possédez une).
- Mettre les citrons au congélateur pendant au moins 3 heures.

Note : S'il vous reste un peu de mousse vous pouvez la mettre dans un ramequin au congélateur.

• Indulgent au café

10 personnes

Temps de préparation
10 mn
Temps de cuisson total
15 mn

6 jaunes d'œufs
4 blancs d'œufs
500 g de fromage blanc à 0 %
100 g de sucre
4 cuillères à soupe d'édulcorant spécial cuisson
8 feuilles de gélatine (voir p. 67)
1 cuillère à soupe d'extrait de café
1 fond de génoise (voir recette p. 236)
500 ml de crème anglaise allégée (voir recette p. 237)

Valeur nutritionnelle par portion
- Protéines 12 g
- Glucides 14 g
- Lipides 5 g

Calories 147

PRÉPARATION DE BASE
- Faire tremper les feuilles de gélatine dans l'eau froide.
- Séparer les jaunes d'œufs des blancs.
- Faire bouillir une casserole remplie d'eau afin de réaliser un bain-marie.
- Mettre les jaunes d'œufs dans un saladier qui puisse passer au bain-marie.

CUISSON DE LA MOUSSE
- Dans une casserole, faire bouillir 50 ml d'eau avec 50 g de sucre et deux cuillères à soupe d'édulcorant.
- Verser le sirop bouillant sur les jaunes d'œufs.
- Fouetter énergiquement et continuer la cuisson comme un sabayon sur le bain-marie.
- Quand le mélange est onctueux et ferme, sortir le récipient du bain-marie et continuer à battre pour que le mélange refroidisse.

FINITION DE L'INDULGENT
- Faire dissoudre la gélatine dans une casserole avec une cuillère d'eau chaude et l'extrait de café.
- Monter les blancs en neige en incorporant à la fin 50 g de sucre et 2 cuillères à soupe d'édulcorant spécial cuisson.
- Mélanger délicatement le sabayon, le fromage blanc, les blancs et la gélatine.
- Garnir un cercle à entremets avec le fond de génoise.

- Verser dessus le mélange à indulgent.
- Passer au réfrigérateur au moins 3 heures.
- Démouler le cercle et servir avec la crème anglaise.

Note : On peut saupoudrer le dessus de l'indulgent avec de la poudre de cacao.

VOTRE MENU MINCEUR AU QUOTIDIEN

Vous aurez parfois envie de varier les recettes du chef ou de revenir à vos plats habituels. Par ailleurs, il peut se faire que vous souhaitiez cuisiner les restes de la veille. Pour mincir au quotidien, mettez alors en pratique nos conseils de cuisine (p. 63 à 105), ainsi que les recettes simples des pages qui vont suivre.

Réussir ses apéritifs et ses cocktails sans perdre la ligne

Les boissons et les amuse-gueule consommés lors des apéritifs sont redoutables pour la ligne : souvent trop denses en calories, gras et sucrés, ils favorisent le stockage de graisse. De plus, les mécanismes qui contrôlent notre appétit ne parviennent pas à bien les évaluer, d'où le risque d'une consommation excessive par rapport aux besoins en énergie du corps.

Pour éviter ces pièges, vous choisirez peut-être de fuir systématiquement apéritifs et cocktails. Ce n'est pas forcément la meilleure solution, car vous vous priverez alors de ces moments de convivialité et de rencontres qui ont pris une importance certaine dans notre mode de vie. Vous pouvez également vous cantonner à des boissons classiques sans conséquences sur le poids et finalement assez agréables : la bouteille de Perrier agrémenté d'une rondelle de citron ou le jus de tomate au sel de céleri et au tabasco ont encore de beaux jours devant eux. Et si vous préférez varier les plaisirs et les sensations, ou étonner vos invités, voici quelques propositions pour égayer vos cocktails.

COCKTAILS SANS ALCOOL

◆ Cocktail aux agrumes — 70 calories
- 50 ml de jus de citron
- 50 ml de pamplemousse
- 50 ml de jus d'orange
- 2-3 glaçons

Édulcorant si besoin.

Servir avec une tranche d'orange.

◆ Cocktail abricot — 75 calories
- 50 ml de jus d'abricot
- 50 ml de jus de pomme
- 30 ml de jus de citron
- 2-3 glaçons

Édulcorant si besoin.

◆ Café glacé — 0 calorie
- Remplir les trois quarts d'un verre avec de la glace pilée
- Verser le café bouillant et ajouter un peu de cannelle

Édulcorant si besoin.

◆ Chocolat frappé — 50 calories
- un verre de lait demi-écrémé
- une cuillère à café de cacao non sucré
- une pointe de cannelle

Édulcorant si besoin.

• Mixer le tout afin d'obtenir un mélange mousseux.
• Servir avec des glaçons.

Le cacao peut être remplacé par deux cuillères à café de café soluble.

◆ Thé glacé — 25 calories

— 150 ml de thé froid
— 40 ml de jus de citron
— 2-3 glaçons

Édulcorant si besoin.

◆ Pastis — 15 calories

— 40 ml de pastis sans alcool
— un trait de jus d'orange
— 2-3 glaçons

◆ Cocktail verveine-orange — 40 calories

— Faire infuser deux sachets de verveine dans un grand verre d'eau chaude
— Ajouter le jus d'une orange

• Servir froid avec des glaçons.

◆ Cocktail de légumes — 45 calories

— 1 demi-concombre (100 g)
— 50 ml de jus de tomate
— 30 ml de jus de carottes
— un demi-citron

• Mixer le tout dans une centrifugeuse.

◆ Cocktail de fruits-légumes — 80 calories

— 100 ml de jus de carotte (un petit verre)
— le jus d'un demi-citron
— le jus d'une orange

• Presser l'orange et le demi-citron. Ajouter le jus de carotte et mélanger le tout à l'aide d'une cuillère à cocktail (ou d'une longue cuillère à café).

• Servir avec un glaçon.

◆ Cocktail pétillant — 65 calories

Pour 4 personnes

— un quart de litre de thé
— un quart de litre de jus d'ananas
— un jus de citron
— un quart de litre d'eau gazeuse

Édulcorant si besoin.
• Servir très frais.

COCKTAILS AVEC ALCOOL

◆ Campari-Martini 30 calories
— 20 ml de Campari
— 20 ml de Martini rouge
— le jus d'un demi-citron
Eau gazeuse à volonté.

◆ Campari-Cointreau 75 calories
— 20 ml de Campari
— 20 ml de Cointreau
— Schweppes *light* à volonté
• Remplir les deux tiers d'un verre avec des glaçons.
• Verser le Campari et le Cointreau, puis allonger avec du Schweppes *light*.

◆ Gin-citron 75 calories
— 20 ml de Gin
— le jus d'un citron
— eau gazeuse
— une cuillère à soupe d'édulcorant

À mélanger au mieux dans un shaker, avec des glaçons.

◆ Rhum citron 75 calories
— 20 ml de rhum blanc
— le jus d'un citron
— eau gazeuse
• À servir dans un verre avec quelques glaçons.

◆ Rhum coca 80 calories
— 20 ml de rhum ambré
— le jus d'un citron
— Cola
• Verser le mélange dans un verre avec quelques glaçons.
• Décorer avec la rondelle de citron.

◆ Vodka corsée 70 calories

— 20 ml de vodka
— 10 ml de jus de citron
— 5 gouttes de sauce Worcestershire
— 2 gouttes de tabasco
— 100 ml de jus de tomate

• Verser le mélange dans un verre avec quelques glaçons.
• Décorer avec la rondelle de citron.

◆ Whisky coca 50 calories

— Verser 20 ml de whisky sur des glaçons

• Compléter avec du cola *light*.

Afin de bien maigrir, vous essayerez de ne pas prendre plus d'un de ces cocktails alcoolisés par soirée. Et si vous préférez rester classique, choisissez à la place une coupe de champagne.

AMUSE-GUEULE

Le fait de boire un cocktail, de discuter entre amis autour d'un verre conduit souvent à grignoter. Les biscuits salés étant peu compatibles avec un projet minceur, nous vous proposons diverses manières de préparer des amuse-gueule légers.

• Peler un concombre (en alternant une rangée de peau et une rangée sans peau)
• Le couper en rondelles d'1 cm d'épaisseur.
• Garnir avec une cuillère à café de tarama et quelques œufs de saumon ou de lump.

• Détacher des feuilles d'une endive.
• Les garder en forme de barquette.
• Les garnir avec un fromage frais allégé, quelques noix écrasées et un peu de paprika.

• Prendre des petites tomates « cocktails ».
• Vider minutieusement l'intérieur et les fourrer avec du fromage blanc mélangé à des anchois écrasés.

• Tailler différents légumes crus en petites lamelles de 4 à 5 cm de longueur et un demi-cm de largeur (carottes, céleri, concombre, courgettes, navets, etc.). Les déguster avec une sauce obtenue en mélangeant du fromage blanc avec des fines herbes (persil, ciboulette), de l'ail, des échalotes, du sel, du poivre.

• Disposer sur des morceaux de Wasa ou Cracottes différentes garnitures : œuf dur, jambon, rondelles de légumes (tomates, courgettes, concombre), cottage chease ou fromage demi-sel, saumon fumé, œufs de lump.

◆ Accompagnements que l'on peut faire tenir sur de petits pics :
• *Salés*
— dés de saumon fumé (en vente dans le commerce) ;
— dés de jambon ;
— petits cubes de fromages allégés ;
— cornichons ;
— crevettes ;
— dés de tomate, courgette ;
— dés d'artichaut.
• *Sucrés*
— dés d'orange, pamplemousse, ananas, kiwi, fraise, framboise, melon, etc.

Les entrées au quotidien

• ENTRÉES SAGES

◆ Une sardine à l'huile ou à la tomate
+ une tranche et demie (30 g) de pain complet.

◆ Des crudités assaisonnées avec une sauce ne contenant pas plus d'une cuillère à café d'huile par personne (voir p. 69 à 71 et p. 225 à 229).
+ un huitième (30 g) de baguette
+ un œuf dur.

Vous prendrez autant de crudités que vous le souhaitez, mais sans dépasser la quantité d'huile recommandée.

Les légumes cuits peuvent eux aussi être consommés en salade : haricots verts, asperges, artichaut, chou-fleur...

◆ Une petite tranche de saumon fumé (30 g)
+ une tranche et demie (30 g) de pain de seigle.

◆ 6 à 8 grosses crevettes (ou 4 à 5 langoustines) nature ou avec une sauce cocktail (voir p. 71).

◆ 6 huîtres ou belons
+ une tranche et demie (30 g) de pain de seigle
+ une noisette (5 g) de beurre allégé à 41 % de MG.

◆ Un demi-melon
+ une tranche de jambon de Parme (sans manger le gras).

◆ Un pamplemousse
+ une cuillère à soupe de sucre.

◆ Un bol (250 ml) de potage de légumes comprenant un féculent (pommes de terre ou tapioca ou petites pâtes).

◆ Un bol (250 ml) de potages de légumes préparé sans féculent
+ une tranche et demie (30 g) de pain au son.

◆ Des radis (autant que vous le souhaitez)
+ un huitième de baguette
+ une noix de beurre allégée à 41 % de MG
+ sel.

•• ENTRÉES GOURMANDES

◆ Un artichaut
+ sauce vinaigrette comprenant une cuillère à soupe d'huile
+ un huitième de baguette.

◆ Une salade composée, par exemple :
— des légumes verts à volonté (salade verte, concombres, tomates...) ;
— un œuf dur ou une tranche de jambon ;
— deux petites pommes de terre coupées en rondelles ou deux cuillères à soupe de maïs ou de riz cuit ;
— une sauce salade allégée (voir p. 69 à 71 et p. 225 à 229).

◆ Une assiette de soupe de poisson avec 3 - 4 croûtons.

▌(Voir p. 279.)

Si vous avez opté pour un programme à points (p. 125 à 133), considérez que les entrées sages et gourmandes sont respectivement à 1 et 2 points.

Le plat principal au quotidien

Une première solution pour adapter les recettes à votre quotidien est de jouer sur les ingrédients des Recettes du chef. Ainsi, selon votre choix :

— Chaque viande ou poisson peut être remplacé par une portion équivalente d'une autre viande ou d'un autre poisson appartenant à la même famille, maigre (voir liste p. 307 - 308) ou grasse (voir liste p. 309 à 311) selon la recette.

— Chaque légume vert peut être remplacé par un autre légume de votre choix (voir liste p. 314 - 315). Prenez-en autant que vous le souhaitez (ils calment l'appétit sans faire grossir), mais ne rajoutez pas pour autant plus de beurre, d'huile ou de sauce que ne l'avait prévu la recette correspondante.

— Chaque féculent (pâtes, riz, pommes de terre, semoule, légumes secs, etc.) peut être remplacé par une part égale (en poids cuit) d'un autre féculent ; de plus,

si vous préférez prendre du pain, sachez que 60 g de pain (soit un quart de baguette ou trois tranches moyennes de pain complet, au son ou de seigle) équivallent à une portion de 150 g de féculent pesé cuit.

Par ailleurs, si vous optez pour un plat froid et vite prêt, voici quelques suggestions.

•• PLATS RAPIDES SAGES

◆ Fromage : 2 parts (60 g)
+ 2 tranches (40 g) de pain complet
+ une crudité assaisonnée avec une sauce ne comprenant pas plus d'une cuillère à café d'huile par personne (voir p. 69 à 71 et p. 225 à 229).
Exemples :
— salade de tomates au basilic et à la mozarella ;
— salade verte au chèvre chaud (un crottin de Chavignol entier).

◆ Sandwich :
— deux belles tranches de pain complet (60 g) ou un quart de baguette ;
— une noix (10 g) de beurre allégé (41 % de MG) ;
— une tranche (70 g) de viande froide, ou une belle tranche de jambon cuit, ou deux œufs durs coupés en lamelles, ou une demi-boîte (70 g) de thon au naturel ;
— crudités à votre choix : salade, tomate, concombre ;
— moutarde ou ketchup si vous le souhaitez.

◆ Salade composée : voir recette p. 276 ; cette salade peut faire office de plat principal.

◆ Fromage : 3 parts (90 g)
+ un tiers de baguettes ou 4-5 tranches de pain de seigle (90 g)
+ une crudité assaisonnée avec une sauce sans huile (voir p. 69 à 71, p. 225 à 227 et p. 229).

> Cette association correspond à une ration raisonnable de fondue savoyarde.

◆ Fromage : 3 parts (90 g)
+ 3 petites pommes de terre (150 g)
+ une fine tranche de jambon dégraissé
+ une salade verte assaisonnée avec une sauce sans huile (voir p. 69 à 71, p. 225 à 227 et p. 229).

> Cette association correspond à une ration raisonnable de raclette.

◆ Sandwich gourmand ou salade composée gourmande : à réaliser avec les mêmes ingrédients que les versions sages mais avec des quantités 50 % plus élevées.

> Si vous avez opté pour un programme à points (voir p. 128 à 133), considérez que les plats principaux sages et gourmands sont respectivement à 2 et 3 points.

Le «fromage-dessert» au quotidien

• « FROMAGES-DESSERTS » SAGES

◆ Fromage : 1 part (30 g)
+ une belle tranche (30 g) de pain au son
+ (si vous le souhaitez) une salade verte assaisonnée avec une sauce sans huile (voir p. 69 à 71, p. 225 à 227 et p. 229).

◆ Un fruit (voir p. 301 et 302) ou 3-4 cuillères à soupe de compote sans sucre ajouté.
+ un yaourt ordinaire nature ou édulcoré
ou un petit-suisse (60 g) à 20 % de MG
ou 3 cuillères à soupe (100 g) de fromage blanc à 10 % de MG, nature ou édulcoré
ou un grand verre (150 ml) de lait demi-écrémé.

Exemples ou équivalences :
— compote de fruit mélangée dans un pot de 100 g de fromage blanc ;
— un verre de lait de 200 g avec des fraises mixées que vous pourrez servir très frais avec des glaçons pour réaliser un milk-shake ;
— sorbet (trois boules) avec une gaufrette ;
— crème glacée (deux boules) ;
— une crème dessert vanille ou chocolat ;
— un flan édulcoré et un fruit ;
— une part de tarte allégée (voir p. 105) ;
— du chocolat (4 carrés, soit 20 g) et un yaourt ordinaire, nature ou édulcoré.

•• « FROMAGES-DESSERTS » GOURMANDS

◆ Un yaourt au lait entier (ou 3 cuillères à soupe de fromage blanc à 40 % de MG) dans lequel vous mélangerez une cuillère à soupe de confiture
+ un fruit frais
+ un biscuit.

◆ Une semoule au lait : 20 g de semoule
+ 125 ml de lait écrémé
+ 10 g de raisins secs
+ une cuillère à soupe de sucre.

◆ Vous pouvez prendre deux « fromages-desserts » sages selon votre choix pour réaliser un « fromage-dessert » gourmand.

> Si vous avez opté pour le programme à points (voir p. 125 à 133), considérez que les « fromages-desserts » sages ou gourmands sont respectivement à 1 et 2 points.

Le pain au quotidien

Pendant des siècles, l'homme a sacralisé le pain et « c'était un scandale que de manger des légumes et du lard sans manger du pain[1] ». Aujourd'hui, la diversité alimentaire dont nous disposons lui a fait perdre cette place centrale qu'il tenait dans la nourriture d'antan. Ce n'est pas forcément un bien.

Le pain est un aliment d'origine céréalière issu essentiellement de la farine de blé, mais également du seigle voire de l'avoine ou d'autres plantes apparentées (on trouve bien dans nos boulangeries le pain aux cinq voire aux sept céréales). Riche en glucides complexes, mais renfermant également des protéines et des vitamines du groupe B, il appartient à la base de la pyramide nutritionnelle (voir p. 51), au même titre que les pâtes, le riz, les pommes de terre ou les légumes secs. Vous pourrez donc en consommer tout en restant mince et en forme.

---

1. Claude Thouvenot, *Le Pain d'autrefois*, Presses univesitaires de Nancy, 1987.

FAUT-IL CHOISIR UN PAIN PLUTÔT QU'UN AUTRE ?

Le pain au son, le pain complet, le pain intégral ou le pain de seigle sont issus d'une farine qui n'a subi qu'un raffinage partiel, ce qui explique leur couleur foncée. De ce fait, ils conservent une partie des éléments provenant de l'enveloppe de la céréale, riche en minéraux, en vitamines et en fibres. Pour cette raison, ils calment mieux l'appétit que ne pourraient le faire les pains plus blancs, tel que la baguette ou le pain de campagne (c'est pourquoi nous vous proposons de les essayer au petit déjeuner ou aux repas). Mais si vous préférez le pain blanc, continuez à le déguster : en consommant au même repas un aliment riche en fibres (tel un fruit au petit déjeuner, des légumes avec votre plat principal ou une salade verte avec le fromage), vous pouvez garder la ligne tout en savourant de la baguette. Celle-ci ne fait-elle pas partie de notre patrimoine gastronomique, et n'a-t-elle pas contribué à la réputation universelle de notre cuisine ?

DEVREZ-VOUS FAIRE UNE CROIX SUR LES TARTINES BEURRÉES ?

Au siècle dernier, le beurre était une denrée rare et on le réservait « aux heureux du siècle et aux jours de fêtes »[2]. De fait, une belle tartine agrémentée d'un beurre fin constitue un mets de choix. Paradoxalement, à notre époque où il est à notre disposition en abondance, le beurre n'apparaît que rarement sur la table dans les restaurants, et lorsqu'un convive a l'outrecuidance d'en faire la demande, les serveurs paraissent souvent bien étonnés. Pourtant, vous pouvez manger équilibré tout en dégustant du pain beurré si vous vous contentez de beurrer finement votre tartine.

2. *Ibidem*.

COMMENT INTÉGRER LE PAIN A VOTRE MENU MINCEUR ?

Vous remplacerez à votre choix tout ou une partie des féculents par du pain, que vous choisirez si possible peu raffiné afin d'élever la richesse en fibres du repas.

Un quart de baguette
ou
trois tranches moyennes de pain complet, pain au son
ou pain de seigle (soit 60 g)

équivalent à
3 petites pommes de terre
4-5 cuillères à soupe de pâtes, riz ou de légumes secs
soit 150 g de féculent — poids cuit —

comptent 1 point
si vous suivez un des programmes à points.

En famille au quotidien

Contrairement à de nombreux régimes, nos conseils et nos recettes sont faits pour être partagés en famille, d'une manière simple et conviviale.

Commencez par centrer vos repas sur le plat complet, votre nouveau plat principal. Sa conception suit les recommandations nutritionnelles en faveur d'une alimentation saine ; sa consommation répond donc aux besoins de chacun. Vous le préparez de la même façon pour toute la famille, sans allonger votre temps passé devant les fourneaux. Ce qui changera selon les goûts de chacun, c'est la composition du plat dans l'assiette, c'est-à-dire la répartition entre le féculent, les légumes verts et la viande (ou le poisson). Si vous cherchez à maigrir, vous respecterez les proportions prévues dans les recettes. Soyez vigilant surtout sur les quantités de matières grasses, ne dépassez pas les doses conseillées si vous avez du mal à garder ou à trouver la ligne. En revanche, vous pouvez prendre autant de légumes verts que vous le souhaitez, si tant est que vous ne consommiez pas plus de matières grasses que ce qui était prévu pour une portion dans le recette. Enfin, en ce qui concerne le féculent et la viande (ou le poisson), essayez de respecter les quantités prévues, mais sachez que des variations modestes (de l'ordre de 10 à 30 %) ne mettront pas en péril votre projet d'amaigrissement.

Lorsqu'à l'occasion d'un repas exceptionnel, par exemple à l'occasion d'un mariage ou lors des fêtes de fin d'année, la convivialité du moment vous amène à manger de façon presque pantagruélique, vous pèserez sans doute le lendemain un à deux kilos de plus. Ne vous morfondez pas pour autant : cette prise de poids correspond pour les trois quarts aux aliments en transit dans les intestins et à de l'eau retenue dans le corps par le sel des aliments. Seul un quart revient à un stockage de graisse dans votre corps. Les jours suivants, vous perdrez ces kilos spontanément après avoir recommencé à suivre votre programme minceur. Au besoin, afin d'accélérer cette tendance, vous pouvez pendant un jour ou deux limiter vos repas au seul plat complet.

Les portions indiquées dans les recettes satisferont la plupart de vos convives adultes. Dans le cas inverse, si le plat complet ne s'avère pas suffisant, présentez à table la corbeille de pain. Chacun pourra ainsi ajuster sa consommation à ses besoins d'une manière simple. A l'inverse, les seniors après soixante-dix ans préféreront parfois prendre des portions moins abondantes. Insistez cependant pour qu'ils se servent de tout, même si c'est en moindre quantité ; certains seront agréablement surpris lorsque vous leur apprendrez que les féculents leur sont recommandés alors que beaucoup pensent le contraire. Les seniors étant généralement particulièrement sensibles au goût sucré, n'hésitez pas à leur proposer plus de laitages sucrés (yaourt, fromage blanc, flan, crème dessert, etc.) et plus de desserts qu'aux autres membres de la famille : pour le plus grand bien de leur santé, ils compenseront ainsi leur manque d'appétit pour les plats salés.

Quant aux enfants, ils préféreront en général prendre proportionnellement moins de légumes mais plus de féculents que les adultes. Que cela ne vous inquiète pas : ce comportement est normal en raison de leur métabolisme et de leur croissance. Plus encore que l'adulte, l'enfant a besoin de pâtes, de riz, de légumes secs ou de pommes de terre à chaque repas. Par contre, il peut fort bien se contenter de légumes verts en petites quantités.

En ce qui concerne l'entrée, l'alternative est simple. Aux repas où vous avez choisi d'en consommer vous-même, réalisez votre recette pour tout le monde. Dans le cas contraire, soit toute la famille commencera comme vous le repas par le plat complet, soit vous mettrez sur la table une entrée ne nécessitant pas une longue préparation (radis, sardines, charcuterie, crudités, etc.).

Pour le fromage et le dessert, il en ira de même. Les jours où vous-même n'en consommerez pas mais où vos proches en souhaitent, proposez-leur des yaourts ou le plateau de fromage puis la corbeille de fruits, les crèmes desserts ou de la crème glacée. Et les repas où vous aurez prévu de déguster un dessert fait à la maison, faites profiter toute la table des « Recettes du chef ».

Au restaurant

LE RESTAURANT À LA FRANÇAISE

Qu'ils soient simples ou sophistiqués, les bons restaurants proposent presque toujours des plats compatibles avec votre ligne. Ces quelques conseils vous guideront dans la composition de votre menu.

Choisissez la formule avec plat + entrée ou dessert, plutôt que le menu à rallonge, et à titre d'exemple :

En entrée, préférez

— le plateau de fruits de mer + pain de seigle plutôt que le feuilleté aux langoustines ;
— la salade de Périgord aux foies de volailles et aux gésiers plutôt que la tranche de foie gras ;
— la salade de fruits de mer plutôt que la quiche au saumon ;
— le melon au jambon de Bayonne plutôt que l'assiette de cochonnailles.

Pour le plat principal

— tournez-vous si possible vers un plat qui comprenne à la fois de la viande (ou du poisson), un féculent et des légumes ;
— en l'absence de féculent, consommez du pain ;
— ne terminez pas forcément votre viande (ou votre poisson) ainsi que la sauce ;
— évitez les fritures, les sauces grasses.

Au dessert, préférez

— le sorbet au chocolat amer avec sa crème légère, plutôt que la mousse au chocolat ;
— le bavarois au coulis de fruits, le sorbet ou la salade de fruits au kirsch plutôt que la crème brûlée ou la coupe de glace avec crème Chantilly ;
— le fromage blanc plutôt que la crème fraîche sur votre tarte aux fraises ou votre tarte Tatin.

LE COUSCOUS

Malgré une idée reçue, on peut maigrir tout en allant dans un restaurant de couscous. Voici quelques conseils pour y arriver :
— évitez l'entrée ;
— choisissez la brochette d'agneau ou le poulet plutôt que le mouton, la boulette de viande ou la merguez ;
— prenez à volonté des légumes ;
— délaissez le pain : avec la semoule, vous n'en aurez pas besoin ni au plan du goût ni à celui de l'équilibre de votre repas ;
— remplacez les desserts orientaux, particulièrement riches en sucres et souvent en graisses, par les dattes ou le thé à la menthe.

LA PIZZERIA

Les pizzas traditionnelles ont de quoi séduire le nutritionniste : riches en glucides, en protéines végétales et en fibres, pauvres en graisses, elles constituent un plat traditionnel complet. Pour leur part, les pizzas à l'américaine sont souvent plus riches en graisses.

Une soirée à la pizzeria peut s'harmoniser avec votre projet :

— choisissez : un plat de pâtes ou une pizza, mais pas les deux ;

— vous n'avez besoin ni de pain, ni d'un plat de viande, mais enrichissez votre repas en protéines d'origine animale grâce à la garniture de la pizza qui comprendra un œuf et du jambon, ou grâce au parmesan râpé dont vous saupoudrerez vos pâtes ;

— pour le pouvoir rassasiant de leurs fibres, et pour le plaisir de leur préparation « à l'italienne », associez des légumes à vos pâtes ou à la pizza : salade verte ou salade de tomates, aubergines... ;

— terminez par un sorbet ou une salade de fruits.

LA CRÊPERIE

Il n'y a pas qu'en Bretagne que l'on mange de bonnes crêpes. Que ce soit entre adultes ou en famille, un repas à la crêperie constitue souvent un plaisir à la fois gourmand, décontracté, et (relativement) bon marché. Pour que ce moment agréable rime avec minceur, voici comment vous y prendre :

— à base de lait, d'œufs et de farine, les crêpes constituent la base d'un repas complet ; pour éviter que votre crêpe ne soit trop grasse, demandez à ce que la pâte à crêpes soit cuite sans y rajouter de beurre ;

— limitez-vous à deux crêpes : deux salées ou une salée plus une sucrée ;

— afin que votre repas soit riche en fibres, choisissez des garnitures à base de légumes (tomates, ratatouille, champignons, oignons, salade verte), et de fruits (pommes flambées, fruits rouges) ;

— pour votre crêpe salée, prenez une garniture qui associe aux légumes un œuf, du jambon ou du fromage râpé, mais pas les trois.

Manger régulièrement dans un fast-food procure une nourriture trop grasse, trop dense en calories et trop pauvre en vitamines, minéraux et fibres. En revanche, un repas de ce type une à deux fois par semaine peut s'inscrire dans votre projet minceur.

Pour améliorer les effets d'un repas fast-food sur votre forme et votre ligne :

— choisissez le hamburger de base (le plus simple et le moins cher) ; délaissez les cheese-burger, double burger et autres royal et big burger : ils sont trop gras ;

— plutôt que des frites (trop grasses), prenez une salade toute simple (riche en minéraux et en fibres) ;

— comme boisson, prenez un verre de lait, un verre d'eau ou un verre de coca *light* ;

— remplacez le dessert (le plus souvent très riche) par un café.

Si vous suivez un programme à points, considérez que l'association hamburger de base + salade équivaut à un repas à deux points. Mais il grimpe à quatre si vous prenez en sus l'un des desserts proposés par les fast-food.

Réussir ses petits déjeuners

Le petit déjeuner devrait être un moment privilégié pour bien commencer sa journée. Vous aurez tendance à être plus en forme et à maigrir plus facilement si vous ne négligez pas ce premier repas.

Et si vous n'avez pas assez faim pour manger au saut du lit, ou si vous n'en avez pas le temps, pourquoi ne pas prendre votre petit déjeuner une heure après votre lever, que ce soit chez vous le week-end, ou en semaine au bureau ?

Comme avec les divers plats du déjeuner ou du dîner, nous vous proposons des petits déjeuners sages, et d'autres gourmands. Tous sont équilibrés, riches en protéines, vitamines et minéraux.

•• PETITS DÉJEUNERS SAGES

◆ Petit déjeuner continental :
— un café noir ;
— pain complet : 2 tranches moyennes (40 g) ;
— beurre allégé : 2 noisettes (10 g) ;
— confiture classique : 2 cuillères à café ;
— un yaourt nature ;
— un fruit (voir p. 301 et 302).

◆ Petit déjeuner Darjeeling :
— thé Darjeeling non sucré (nombre de tasses à volonté) ;
— deux Wasa légers aux fibres ;
— fromage blanc à 20 % de MG : 3-4 cuillères à soupe ;
— beurre allégée : une noisette (5 g) ;
— compote sans sucre ajouté : 3-4 cuillères à soupe.

Le Darjeeling est une suggestion ; vous pouvez en fait prendre le thé de votre choix.

Pourquoi ne pas mélanger la compote de fruits au fromage blanc ? Les deux se marient bien.

◆ Petit déjeuner carnivore :
— un café au lait (avec 150 ml de lait écrémé) ;
— pain complet : 3 tranches moyennes (60 g) ;
— viande froide : un petit morceau (50 g).

Vous pouvez remplacer la viande froide par un œuf ou une tranche de jambon dégraissé.

◆ Petit déjeuner à la suédoise :
— thé de Ceylan non sucré (nombre de tasses à volonté) ;
— 2 petits pains suédois ;
— 1 petit-suisse à 20 % de MG ;
— 2 cuillères à café de confiture allégée à 35 % de glucides ;
— 1 fruit (voir p. 301 et 302).

Sucrez naturellement les petits-suisses avec la confiture allégée ou le fruit coupé en dés.

◆ Petit déjeuner à l'américaine :
— 1 café noir ;
— Corn Flakes : 40 g ;
— lait demi-écrémé : 150 ml ;
— 1 fruit (voir p. 301 et 302).

Notre suggestion : versez le lait sur les Corn Flakes puis associez-y le fruit coupé en dés.

◆ Muesli :
— flocons d'avoine ou flocons « 5 céréales » : 20 g ;
— son : 1 cuillère à café ;
— noisettes moulues ou amandes en poudre : 1 cuillère à café ;
— raisins secs : 1 cuillère à soupe ;
— 1 pruneau émincé.

• Mélangez le tout, puis incorporez-y un demi-yaourt nature et une cuillère à soupe de fromage blanc à 20 % de MG.

• Ajoutez ensuite du lait demi-écrémé de manière à ce que l'ensemble ait la consistance que vous aimez (il n'existe pas de consistance idéale, c'est une affaire de goût).

• Mélangez-y ensuite un fruit (150 g) coupé en dés.

Vous pouvez remplacer le mélange de céréales et de fruits secs par un mélange tout préparé de muesli non sucré (3 cuillères à soupe), vendu au rayon « céréales » ou « diététique » de votre magasin.

Pour varier les saveurs, vous pouvez ajouter une cuillère à soupe de jus de citron ou d'orange, ou encore une cuillère à café de sucre.

Le fait de manger un Muesli ne vous empêche pas de prendre un café ou un thé.

••• PETITS DÉJEUNERS GOURMANDS

◆ Petit déjeuner chocolat :
— un bol (250 ml) de lait demi-écrémé ;
— cacao sucré : une cuillère à soupe (20 g) ;
— pain complet : 3 tranches moyennes (60 g) ;
— une crème de gruyère allégée ;
— un fruit (150 g).

Vous pouvez remplacer le pain complet par 4 biscottes complètes.

Si vous souhaitez tartiner le pain avec du beurre et de la confiture, remplacez la crème de gruyère et le fruit par 3 noisettes de beurre allégé et 2 cuillères à café de confiture (ou de miel).

◆ Petit déjeuner week-end :
— café au lait (100 ml de lait demi-écrémé) ;
— un croissant (50 g) ;
— confiture : 2 cuillères à café ;
— un fruit (voir p. 301 et 302) ;
— un yaourt au lait entier, au bifidus ou au goût bulgare.

Pour sucrer le yaourt, utilisez un édulcorant en poudre ou mélangez-y le fruit coupé en dés.

◆ Petit déjeuner campagnard :
— pain complet : 4 tranches moyennes (90 g) ;
— fromage : 1 portion (30 g) ;
— viande froide : 1 tranche moyenne (30 g) ou 1 œuf ;
— un fruit (voir p. 301 et 302).

Pour confectionner des petits déjeuners gourmands, vous pouvez également vous servir des aliments prévus dans les petits déjeuners sages dont vous augmenterez les quantités de 50 %.

Si vous avez opté pour un programme à points (voir p. 125 à 133), considérez que les petits-déjeuners sages ou gourmands sont respectivement à 2 et 3 points.

Jouer avec les équivalences

Apprenez à vous servir des équivalences qui suivent et de la table alimentaire pour manger ce que vous aimez : par exemple, l'équivalence pâtes-farine permet de transformer le plat de spaghetti et les fruits en tarte aux fraises, de même que la table des aliments lipidiques facilite le remplacement du beurre ou de l'huile par du foie gras, tout en restant cohérent avec le programme que vous aurez choisi.

LAIT ÉCRÉMÉ OU DEMI-ÉCRÉMÉ

Un grand verre ou un bol (soit 200 ml) équivaut à :
un yaourt nature standard (soit 125 g)
un yaourt maigre et demi (soit 180 g)
trois cuillerées à soupe de fromage blanc à 0 % ou 10 % MG (soit 100 g)
une fine tranche de jambon cuit dégraissé (soit 50 g)
un œuf.

VIANDE, POISSON, ŒUFS

Sont équivalents :
80 à 120 g des viandes considérées comme protidiques (table alimentaire p. 307)

deux fines tranches de jambon cuit dégraissé
100 à 150 g des poissons considérés comme protidiques (table alimentaire p. 308)
une douzaine d'huîtres
deux œufs
70 à 90 g de poissons considérés comme protido-lipidiques (table alimentaire p. 310)
deux équivalences choisies parmi celles du lait (voir plus haut), si vous choisissez de faire un repas de laitage.

FROMAGE

Un huitième de camembert, soit 30 g, équivaut à (table alimentaire p. 309 pour le choix des fromages) :
un fromage à pâte molle en même quantité
un fromage à pâte cuite ou persillée en quantité légèrement inférieure (20 à 25 g)
un fromage de chèvre en quantité légèrement supérieure (40 g)
trois petits-suisses à 30 % MG
trois cuillères à soupe (soit 100 g) de fromage blanc ou 20 ou 40 % MG
un yaourt et demi au lait entier ou au bifidus
un grand verre ou un bol de lait entier ou demi-écrémé.

LÉGUMES VERTS

Comme ils sont riches en fibres et pauvres en calories, vous pouvez les consommer à volonté lorsqu'ils sont cuisinés et servis sans matière grasse ; vous limiterez la quantité de matière grasse (beurre, margarine, etc.) à ce que prévoit la recette que vous avez choisie. La table alimentaire (p. 314 - 315) énumère les nombreux légumes verts (qui n'ont souvent de vert... que le nom).

FÉCULENTS

Quatre petites pommes de terre de la grosseur d'un œuf (soit 200 g cuits) équivalent à :

220 g de purée

50 g de flocons de pommes de terre

50 g de farine

6-8 cuillères à soupe (soit 200 g poids cuit) d'aliment céréalier cuit (pâtes, riz, maïs, semoule) ou de légumes secs cuits

40 g de riz, pâtes ou semoule pesés crus

40 g de légumes secs pesés crus

un tiers de baguette (soit 80 g de pain).

PAIN

Un huitième de baguette (soit 30 g) équivaut à :

30 g de pain complet, au son, de seigle, de mie, de campagne (le nombre de tranches dépend de la taille du pain et de l'épaisseur de la tranche)

20 g de céréales soufflées, style corn flakes (soit 4 à 5 cuillères à soupe)

20 g de muesli non sucré ou de flocons d'avoine (soit 3 à 4 cuillères à soupe)

deux petits pains suédois ou deux biscottes.

FRUITS

Plus un fruit est riche en glucides, plus il convient d'en limiter les quantités lorsque l'on désire maigrir. En vous aidant des p. 314 et 315 de la table alimentaire, vous considérerez que la portion prévue aux pages 281 et 282 équivaut à :

pour les fruits apportant 20 ou 30 calories/100 g : 200 g

pour les fruits apportant 40 ou 50 calories/100 g : 150 g (soit trois abricots, une pomme, une orange, une pêche ou une nectarine moyennes, un kiwi et demi) pour les fruits apportant 60 ou 80 calories/100 g : 100 g (soit une petite banane, une poignée de cerises).

La cuisson modifiant peu la densité calorique des fruits, vous pouvez utiliser ces mesures indifféremment pour des fruits crus ou cuits.

BEURRE

Une noix (10 g) équivaut à :

deux noisettes (5 g la noisette) de beurre ou de margarine

deux noix de beurre ou de margarine allégées à 41 % de MG

deux cuillères à soupe non bombées de crème fraîche à 30 % de MG

quatre cuillères à soupe non bombées de crème fraîche allégée à 15 % de MG

une cuillère à soupe ou deux cuillères à café d'huile

une bonne cuillère à soupe de mayonnaise allégée.

SUCRE

Une cuillère à café (5 g) équivaut à :

un morceau de sucre (blanc ou roux)

une cuillère à café bombée de confiture

une noisette ou une cuillère à café de miel

une cuillère à café de poudre de cacao sucrée.

Tables alimentaires

Ces tables alimentaires ont comme objectif d'être rapidement utilisables dans la vie de tous les jours lorsqu'on souhaite maîtriser son poids.

Les données de cette table sont simplifiées : les aliments courants sont présents, mais cette liste ne prétend pas être exhaustive ; ne sont analysés que les nutriments caloriques (protéines, glucides, lipides, alcools) en grammes, ainsi que le total des calories, le tout pour cent grammes d'aliments ; le lecteur qui souhaiterait des renseignements sur les fibres, les vitamines et les minéraux se référera aux tableaux situés p. 27 et 28 à 31 ; les grammages des protéines, glucides, lipides et d'alcool sont arrondis au nombre entier, sans chiffre après la virgule (de ce fait, le nombre de calories peut légèrement différer de celui que l'on obtiendrait à partir de nutriments caloriques).

Le principal critère de classement des aliments retenus pour ces tables ne concerne pas leur origine, mais la façon de les utiliser dans un régime amaigrissant. La plupart des aliments contiennent à la fois des protéines, des glucides et des lipides ;

cependant, en fonction de leur teneur respective, nous avons schématiquement distingué sept familles d'aliments.

LES ALIMENTS GLUCIDO-PROTIDIQUES

Riches en glucides, ils apportent également une quantité fort appréciable de protéines (ou protides) ; ce sont essentiellement les céréales et les légumes secs. Dans le cadre d'une alimentation équilibrée destinée à stabiliser le poids, ils devraient constituer la base de nos repas ; lors d'un régime amaigrissant, ils sont fortement conseillés, mais en quantité contrôlée.

LES ALIMENTS PROTIDIQUES

Pauvres en glucides et en lipides, ils n'apportent (presque) que des protéines ; ils sont tous d'origine animale (viandes, poissons, laitages, blanc d'œuf). Dans le cadre d'un régime amaigrissant, on peut en consommer (presque) à volonté, sans que cela nuise à la perte de poids.

LES ALIMENTS PROTIDO-LIPIDIQUES

Comme les précédents, ils sont tous d'origine animale. Ils fournissent une quantité élevée de lipides, proche, voire supérieure à la teneur en protides ; de ce fait, ils sont à « fréquenter » plus rarement que les aliments protidiques lorsqu'on cherche à maigrir.

LES ALIMENTS LIPIDIQUES

Leur taux de graisses est tel par rapport à leur taux de glucides et de protéines qu'il faut les intégrer aux repas dans des conditions très « surveillées ».

LES ALIMENTS GLUCIDO-LIPIDIQUES

Ces aliments ne sont pas indispensables, mais ils nous procurent bien du plaisir ; à réserver à deux ou trois occasions hebdomadaires si on souhaite maigrir, car ils sont susceptibles de favoriser la prise de poids.

LES ALIMENTS GLUCIDIQUES

Pour ceux qui sont sucrés, ils ont l'avantage, à la différence des précédents, de ne contenir (presque) pas de graisses : à consommer cependant avec modération. Dans la mesure du possible, préférez-leur la saveur sucrée des fruits, plus riches en fibres et généralement moins denses en calories.

Quelle que soit leur couleur, les légumes « verts » sont riches en fibres et pauvres en calories ; à vous de choisir « à volonté » leur nature et leur quantité, mais attention aux matières grasses que vous y ajouterez. Enfin, en ce qui concerne la pomme de terre cuite au four ou bouillie, elle est à réhabiliter : elle peut fort bien remplacer les pâtes ou le riz dans un régime.

LES BOISSONS

Attention aux calories consommées sous forme de boissons : l'organisme les comptabilise mal, d'où une susceptibilité à favoriser la prise de poids.

(Sources : M. Feinberg, J.-C. Favier et J. Ireland-Ripert, *Répertoire général des aliments*, Paris, Technique et documentation, Lavoisier, 1991 ; S. Renaud et M.-C. Attié, *La Composition des aliments*, Paris, Astra-Calvé, 1989.)

Aliments glucido-protidiques (pour 100 g)

	PROTÉINES	GLUCIDES	LIPIDES	CALORIES
Céréales				
Céréales du petit déjeuner				
— à type de blé soufflé	15	79	1	385
— corn flakes	9	85	2	368
— flocons d'avoine	14	68	7	384
— muesli non sucré	9	62	8	356
Pain				
— baguette	8	58	1	274
— pain complet	8	49	2	244
— pain au lait	9	53	6	302
— pain d'épice	7	68	4	336
— pain de mie	8	54	3	271
— biscotte	10	79	4	392
Pâtes				
— ordinaires (crues)	13	74	1	355
— aux œufs (crues)	12	72	8	408
Riz				
— blanc (cru)	7	86	1	378
— complet (cru)	7	77	2	357
Semoule (crue)	13	74	1	355
Maïs cuit	4	23	2	128
Farine de blé	10	79	1	365
Légumes secs				
Haricots				
— blancs, cuits	7	17	1	100
— rouges, cuits	8	11	1	80
Lentilles cuites	8	17	1	102
Petits pois, cuits	5	11	1	65
Pois cassés, cuits	8	22	0	123
Pois chiches, cuits	8	22	3	143
Laitages sucrés				
Milk-shake	3	19	2	103
Yaourt				
— aromatisé	5	14	1	85
— aux fruits	5	18	3	115
Plats composés				
Blanquette de veau	10	13	3	116
Ravioli	5	13	4	106

Aliments protidiques (pour 100 g)

	PROTÉINES	GLUCIDES	LIPIDES	CALORIES
Laitages				
Fromage blanc				
— à 0 % MG	7	4	0	47
— à 10 % MG	8	3	1	60
Lait écrémé	3	5	0	33
Yaourt				
— nature	4	5	1	49
— maigre	4	4	0	38
Blanc d'œuf	10	1	0	46
Viandes				
Bœuf				
— bifteck grillé	28	0	4	148
— faux-filet grillé	28	0	6	166
— rosbif rôti	28	0	4	148
— steak haché 5 % MG	21	0	5	129
Cheval	21	0	3	107
Porc, filet maigre cuit	29	0	5	158
Veau				
— côte	21	0	3	112
— escalope cuite	31	0	3	151
— filet rôti	29	0	4	155
Volailles (viande seulement, sans peau ni gras)				
— dinde rôtie	29	0	4	150
— poulet rôti	26	0	6	161
— pintade	23	0	6	150
Gibier				
— chevreuil rôti	35	0	6	197
— sanglier	21	0	2	103
Charcuterie				
— jambon cuit dégraissé	30	0	5	167
Abats				
— cœur cuit	27	0	6	160
— foie de génisse	23	4	4	145
— foie de veau	25	2	6	163
— ris de veau cru	18	0	4	106

	Protéines	Glucides	Lipides	Calories
Poissons				
Brochet cuit	22	0	1	94
Carpe cuite	20	0	6	135
Carrelet cuit	19	0	2	94
Colin cru	17	0	1	79
Églefin cuit	23	0	1	99
Flétan cru	20	0	4	111
Lieu noir cuit	20	0	1	87
Limande, sole	21	0	1	91
Lotte	18	0	1	77
Merlan	21	0	1	92
Morue, cabillaud	18	0	1	80
Raie	20	0	1	89
Thon à la vapeur	23	0	4	128
conserve au naturel	27	0	2	121
Truite	23	0	4	128
Turbot	16	0	2	88
Autres produits de la mer				
— bigorneau	26	5	1	135
— calamar	16	2	1	83
— coquille St-Jacques cuite	23	0	1	106
— crabe (conserve)	20	1	2	97
— crevette	24	0	2	112
— homard	20	1	2	96
— huître	9	5	2	68
— moule cuite	20	3	3	118
— œufs de lump	14	3	5	114

Aliments protido-lipidiques (pour 100 g)

	PROTÉINES	GLUCIDES	LIPIDES	CALORIES
Laitages				
Lait entier	3	5	4	62
Lait demi-écrémé	3	4	2	45
Petit-suisse 40 % MG	10	3	10	141
Yaourt au lait entier	4	4	4	64
Crème anglaise	6	11	6	118
Fromages				
— à pâte molle type Camembert, Brie, Munster	17-23	0	21-29	280-330
— à pâte cuite type Emmenthal, Comté	29	0	28-31	370-400
— à pâte persillée type Bleu, Roquefort	20	0	29-32	340-370
— à pâte pressée non cuite type Gouda, Cantal, Reblochon, Port-Salut	23-25	0	25-30	300-350
— à pâte fondue type « Vache qui rit »	18	3	22	281
— de chèvre, à pâte molle	11	1	18	206
— blanc, 40 % MG	8	3	8	116
— frais, demi-sel	15	2	13	191
Œuf entier	13	1	11	153
Viandes				
Agneau				
— côtelette grillée	23	0	16	234
— gigot rôti	25	0	13	217
— épaule dégraissée, rôtie	19	0	12	185
Bœuf				
— entrecôte grillée	24	0	12	203
— bourguignon, cuit	30	0	9	196
— à pot-au-feu, cuit	29	0	14	240
— steak haché 10 % MG	20	0	10	171
— steak haché 15 % MG	18	0	15	204
— steak haché 20 % MG	17	0	20	251
Lapin, cuit	29	0	10	216
Porc				
— côtelette cuite	29	0	25	340
— rôti cuit	24	0	25	320

	PROTÉINES	GLUCIDES	LIPIDES	CALORIES
— travers braisé	29	0	30	389
— échine rôtie	21	0	30	357
Veau, rôti de	29	0	14	238
Volailles (viandes seule, sans peau ni gras)				
— canard, rôti de	25	0	10	188
— faisan rôti	32	0	9	214
— oie rôtie	29	0	17	273
— pigeon rôti	23	0	10	184
— poule bouillie	30	0	12	228
Abats				
— cervelle cuite	12	0	12	156
— foie de volaille cuit	21	3	11	194
— langue de bœuf cuite	24	0	18	258
— rognons cuits	25	0	7	164
Charcuteries				
— andouillette	20	0	8	152
— bacon fumé cuit	26	0	31	388
— boudin blanc	11	1	27	290
— boudin noir	11	2	33	345
— fromage de tête	23	0	13	207
— galantine	29	0	15	252
— jambon fumé	21	0	28	331
— jambon de Bayonne	23	0	13	206
— mortadelle	15	1	29	329
— pâté de campagne	13	2	30	332
— saucisses de Francfort	14	2	24	283
— saucisson sec	26	2	41	479
Poissons				
— anchois (conserve)	22	0	13	206
— anguille cuite	21	0	14	203
— hareng frit	23	2	15	233
— hareng fumé	22	0	14	210
— hareng grillé	22	0	12	197
— maquereau	22	0	12	191
— poisson croquette, frit	14	10	10	186
— poisson pané, cuit	14	15	11	210
— sardine (conserve)	23	0	13	203
— saumon à la vapeur	20	0	12	188
— saumon fumé	22	0	7	146

	PROTÉINES	GLUCIDES	LIPIDES	CALORIES
— thon à l'huile (conserve)	20	0	12	188
Autres produits de la mer				
— caviar	25	4	14	270
— langoustine, frite	12	29	18	323
Plats composés				
— cassoulet	10	12	9	164
— choucroute garnie	7	5	13	161
— croque-monsieur	14	24	16	300
— friand à la viande	8	31	22	350
— friand au fromage	11	25	26	383
— hot dog	11	33	15	308
— pizza	8	24	9	210
— quenelle de volaille	6	13	14	200
— quiche lorraine	12	19	26	360

Aliments lipidiques (pour 100 g)

	PROTÉINES	GLUCIDES	LIPIDES	CALORIES
Huile (olive, tournesol, colza, maïs, etc.)	0	0	100	900
Huile de paraffine	0	0	0	0
Mayonnaise				
— traditionnelle	1	1	78	710
— allégée	1	12	39	396
Beurre				
— traditionnel	1	0	83	751
— allégé 40 % MG	7	2	42	411
Margarine				
— traditionnelle	0	0	84	753
— allégée 40 % MG	1	1	42	378
Crème				
— fraîche 30 % MG	3	4	30	298
— fraîche 20 % MG	2	3	21	212
— Chantilly	2	10	31	331
Fromage frais aux herbes	10	3	37	384
Lard	10	0	70	670
Saindoux	0	0	99	891
Végétaline	0	0	100	900
Foie gras	7	6	46	462
Rillettes	16	0	47	490
Avocat	2	3	22	220
Olive noire	2	4	30	294
Olive verte	1	0	13	117
Fruits secs				
— amande	19	4	53	575
— cacahuète	25	9	46	576
— noisette	8	7	36	381
— noix	11	5	51	525
— noix de coco	3	4	36	351
— pistache	21	13	52	602
— sésame	19	10	50	566
— tournesol décortiqué	22	14	50	597

Aliments glucido-lipidiques (pour 100 g)

	PROTÉINES	GLUCIDES	LIPIDES	CALORIES
Sucrés				
Croissant (ordinaire ou au beurre)	8	57	17	413
Brioche	7	54	8	302
Biscuits				
— petits-beurres	7	74	8	397
— d'apéritifs (biscuits salés)	9	76	12	448
— recouverts de chocolat	5	69	21	471
— madeleines	6	44	11	299
Gâteaux				
— tarte aux pommes	2	28	8	180
— éclair (café ou chocolat)	6	23	12	226
— quatre-quarts	6	53	26	464
— cake aux fruits	5	58	13	354
Crêpe Suzette	6	36	16	307
Gaufre	6	44	10	299
Pop-corn	8	57	30	534
Glace au lait	4	25	7	173
Lait concentré sucré	8	56	9	338
Pâte d'amandes	9	52	24	460
Chocolats et assimilés				
— chocolat au lait	8	59	32	557
— chocolat à croquer	5	65	30	550
— barre chocolatée biscuitée (type Raider)	6	59	25	482
— barre chocolatée (type Mars)	6	66	19	459
— barre de noix de coco enrobée (type Bounty)	5	58	27	489
Salés				
Pommes de terre				
— chips	6	49	35	541
— frites	4	33	14	270

Aliments glucidiques (pour 100 g)

	PROTÉINES	GLUCIDES	LIPIDES	CALORIES
Féculents				
Pommes de terre				
— au four	3	25	0	111
— bouillie	1	20	0	84
Tapioca (cru)	1	94	0	381
Aliments sucrés				
— sucre blanc	0	99	0	396
— sucre roux	0	95	0	380
— miel	0	76	0	305
— confiture	0	69	0	278
— bonbons	0	99	0	396
— poudre de cacao sucrée	6	80	6	398
— pâte de fruits	1	56	0	228
— sorbet	1	26	1	112
— crème de marrons	4	60	3	279
— meringue	5	90	0	403
— céréales à type de riz soufflé	6	90	1	416

Les fruits comme les légumes verts sont pauvres en protéines et en lipides ; en revanche, ils sont riches en fibres et contiennent des quantités variables de glucides. En fonction de leur teneur calorique (qui provient essentiellement des glucides), on distingue neuf familles.

10 calories pour 100 grammes :

— légumes : concombre, courgette, céléri, laitue.

20 calories pour 100 grammes :

— légumes : aubergine, bette, champignon, salade frisée, chou rouge, chou vert, chou-fleur, cresson, endive, haricot vert, navet, oignon, poivron, potiron, radis, tomate ;

— fruit : rhubarbe.

30 calories pour 100 grammes :

— légumes : asperge, betterave, brocoli, carotte, chou de Bruxelles, épinard, fenouil, poireau ;

— fruits : citron, coing, groseille, melon, pastèque.

40 calories pour 100 grammes :

— légumes : artichaut, cœur de palmier en conserve, germe de soja en conserve ;

— fruits : abricot, cassis, fraise, framboise, fruit de la passion, orange, papaye, pamplemousse.

50 calories pour 100 grammes :

— fruits : ananas frais, figue fraîche, nectarine, poire, pomme, prune, pêche.

60 calories pour 100 grammes :

— fruits : cerise, grenade, litchi, mangue, mirabelle, myrtille, raisin.

80 calories pour 100 grammes :

— fruits : banane, ananas au sirop, litchi en conserve, compote de pommes en conserve.

160 calories pour 100 grammes :

— fruits : pruneau, salade de fruits en conserve.

260 calories pour 100 grammes :

— fruits : abricot sec, banane sèche, datte, figue sèche.

La cuisson modifiant peu la densité calorique des fruits et des légumes verts, vous pouvez utiliser ces mesures indifféremment pour des aliments crus ou cuits.

Boissons (pour 100 ml)

	PROTÉINES	GLUCIDES	LIPIDES	ALCOOL	CALORIES
Alcoolisées et sucrées					
Brandy, Cherry	0	30	0	30	330
Bière brune	0	3	0	4	37
Bière de table (3°)	0	3	0	3	32
Bière export	0	5	0	6	68
Cidre	0	3	0	4	38
Liqueur	0	29	0	21	263
Vin blanc 11°	0	2	0	9	70
Vin mousseux	0	1	0	10	73
Vin doux (Porto, Muscat)	0	14	0	15	184
Alcoolisées sans sucre					
Cognac, armagnac	0	0	0	35	243
Pastis	0	0	0	40	285
Eau de vie	0	0	0	36	252
Gin	0	0	0	38	265
Rhum	0	0	0	33	233
Vin rouge 11°	0	0	0	9	63
Whisky	0	0	0	36	252
Boissons sucrées					
Jus					
— d'ananas	0	13	0	0	54
— de citron	0	9	0	0	27
— d'orange (frais ou en conserve)	1	10	0	0	47
— de pomme	0	11	0	0	46
— de pamplemousse	0	9	0	0	37
— de raisin	1	16	0	0	66
— de tomate	1	4	0	0	20
Limonade ou fruité	0	12	0	0	48
Sirop de fruit dilué	0	8	0	0	32
Soda au cola	0	11	0	0	42
Soda aux fruits	0	11	0	0	44
Boissons sans calories					
— Café, thé, tisanes non sucrées	0	0	0	0	0
— Eau minérale, eau du robinet	0	0	0	0	0
— Boissons allégées *light*	0	0	0	0	0

Votre portefeuille au quotidien

Après la lecture de ce livre, votre nouvelle façon de manger ne grèvera pas votre budget. Vous allez même probablement réaliser des économies. En effet, nos conseils privilégient les féculents par rapport à la viande ou au poisson. Or, les pâtes, le riz ou les lentilles sont moins onéreux que le bifteck, le filet de pommes de terre meilleur marché que le filet de... poisson. Et si vous souhaitez encore mieux contrôler votre budget repas, ces quelques comparaisons faciliteront votre choix pendant les courses.

Les prix des denrées retenus ici proviennent d'un magasin de moyenne surface en région parisienne. Ils ne prétendent que vous donner un ordre de grandeur du coût des nutriments, sachant qu'ils sont sujets à fluctuation selon le lieu ou la période d'achat, la marque ou le mode de conservation du produit.

Il faut relativiser la valeur de ce tableau comparatif. Il ne prend pas en compte la richesse des aliments en fibres, en vitamines ou en minéraux ; il ne différencie pas entre elles les diverses graisses ou les diverses protéines. Et vous savez que ces notions sont impor-

tantes à prendre en compte lorsqu'on souhaite manger sainement (voir la partie « Bien manger pour être en forme et en bonne santé »). De plus, ce tableau ne fait pas appel à l'aspect plaisir de la nourriture : et vous choisirez vos aliments également en fonction de vos goûts.

Si vous restez bien conscient(e) de ses limites, ce tableau peut cependant vous rendre service dans vos courses ; vous pourrez notamment y comparer les aliments à l'intérieur d'une même catégorie (les viandes entre elles, les laitages entre eux, etc.). Vous remarquerez que les féculents (pâtes, riz, lentilles notamment) vous procurent à la fois des protéines et des glucides à un coût défiant toute concurrence. Ces aliments, nous vous les conseillons pour leurs effets bénéfiques sur la forme et sur la ligne. Leur aspect économique constitue une (petite) raison de plus pour leur accorder une large place dans vos assiettes.

Dix grammes de protéines (soit la moitié ou le tiers de ce que devrait vous apporter chaque repas) sont contenues dans :

Au rayon crémerie

	Quantité	Au prix de
Lait entier demi-écrémé écrémé	300 ml 300 ml 300 ml	1,40 F 1,20 F 1,20 F
Fromage blanc 40 % MG 20 % MG 0 % MG Yaourt Fromage — Camembert — Emmenthal — Roquefort — Chèvre	 125 g 125 g 125 g deux yaourts 50 g 35 g 50 g 50 g	 1,65 F 1,30 F 1,25 F 1,92 F 1,60 F 1,60 F 3,50 F 3,80 F
Œuf	un œuf	1,00 F

Au rayon boucherie

Bœuf — bourguignon — bifteck — rosbif — steak haché	 35 g 35 g 35 g 50 g	 1,40 F 2,60 F 2,50 F 2,50 F
Agneau — gigot — côtelette	 40 g 50 g	 2,50 F 3,80 F
Porc — côtelette — rôti	 35 g 40 g	 2,00 F 2,00 F
Veau — côte — escalope — rôti	 50 g 35 g 35 g	 5,50 F 3,50 F 3,50 F
Volailles (viande seulement) — poulet — pintade — dinde — poule	 40 g 35 g 40 g 35 g	 1,70 F 2,00 F 2,00 F 1,70 F

	Quantité	Au prix de
Abats		
— foie de veau	40 g	4,00 F
— foie de génisse	40 g	1,30 F
Charcuterie		
— boudin	100 g	4,00 F
— jambon cuit	35 g	2,45 F
— jambon fumé	50 g	5,00 F
— pâté de campagne	75 g	3,75 F

Au rayon poissonnerie

Poisson nature (partie comestible)	50 g	3,50 F
Poisson pané	70 g	3,20 F
Thon en conserve	35 g	1,65 F

Au rayon épicerie

Pâtes (poids cru)		
— ordinaire	75 g	0,56 F
— aux œufs	75 g	0,80 F
Riz (poids cru)		
— blanc	140 g	1,50 F
— complet	140 g	2,00 F
Maïs (en conserve)	250 g	3,00 F
Petits pois (en conserve)	250 g	3,00 F
Lentilles (poids cru)	40 g	0,44 F
Pommes de terre	350 g	2,10 F
Céréales du petit déjeuner		
— flocons d'avoine	70 g	1,00 F
— muesli	100 g	3,40 F
— corn flakes	100 g	2,40 F

Chez le boulanger

	Quantité	Au prix de
Baguette (une demi)	125 g	1,60 F
Pain complet	125 g	3,00 F
Biscottes	100 g	1,30 F

LE COÛT DES GLUCIDES

D'origine végétale, les aliments à base de glucides sont globalement meilleur marché que ceux riches en protéines, qui sont eux plus souvent d'origine animale. Par ailleurs, leur coût connaît des variations moins amples en fonction de l'aliment d'origine. Mais si vous tenez quand même à les comparer entre eux, sachez que 50 g de glucides (soit le minimum que devrait vous apporter en moyenne chaque repas) sont contenues dans :

Au rayon épicerie

Pâtes (poids cru) — ordinaire — aux œufs	 70 g 70 g	 0,55 F 0,77 F
Riz (poids cru) — blanc — complet	 60 g 65 g	 0,66 F 1,00 F
Maïs (en conserve)	200 g	2,40 F
Petits pois (en conserve)	500 g	6,00 F
Lentilles (poids cru)	100 g	1,10 F
Pommes de terre	200 g	1,20 F
Céréales du petit déjeuner — flocons d'avoine — muesli non sucré — corn flakes	 75 g 75 g 60 g	 1,05 F 2,55 F 1,40 F
Sucre blanc Sucre roux	50 g 50 g	0,30 F 0,45 F

Chez le boulanger

	Quantité	Au prix de
Baguette	85 g	1,35 F
Pain complet	100 g	2,40 F
Biscottes	60 g	0,80 F

Au rayon fruits

Pommes	450 g	3,60 F
Oranges	600 g	6,60 F
Bananes	250 g	2,40 F

LE COÛT DES MATIÈRES GRASSES

Même si vous maigrirez plus facilement en consommant peu d'aliments gras, vous avez quand même besoin d'un minimum d'huile ainsi que de beurre ou de margarine, tant au plan du goût qu'à celui de la santé. Le coût relatif des matières grasses est plus élevé lorsqu'elles sont issues de produits allégés, car la technologie de production mise en jeu est plus sophistiquée qu'avec les produits traditionnels.

25 grammes de matières grasses (soit la quantité moyenne à consommer quotidiennement même si vous souhaitez maigrir rapidement) sont contenues dans :

Au rayon crémerie

	Quantité	Au prix de
Produits traditionnels		
— beurre	30 g	1,00 F
— margarine	30 g	0,60 F
— crème à 30 % MG	85 g	1,70 F
— mayonnaise	30 g	0,90 F
Produits allégés		
— beurre à 41 % MG	60 g	1,30 F
— margarine à 41 % MG	60 g	1,30 F
— crème à 15 % MG	170 g	3,40 F
— mayonnaise allégée	60 g	1,50 F

Au rayon épicerie

	Quantité	Au prix de
Végétaline	25 g	0,40 F
Huile		
— arachide	25 g	0,24 F
— maïs	25 g	0,20 F
— olive	25 g	0,75 F
— soja	25 g	0,20 F
— tournesol	25 g	0,20 F

SEPT PERSONNAGES EN QUÊTE DE MINCEUR

Sept personnages, autant d'archétypes racontés chacun par une courte histoire. Aucune ne correspond en entier à votre histoire personnelle ; cependant, lisez-les : par analogie, les solutions proposées vous serviront à mieux aborder les situations auxquelles vous aurez à faire face dans votre recherche de la minceur.

Son histoire

Il y a deux ans, lors de sa première grossesse, Agnès avait connu de véritables fringales ; elle avait pris une vingtaine de kilos. Elle avait maigri après l'accouchement, mais il lui restait encore cinq kilos de trop lors de la mise en route, non programmée, d'une seconde grossesse. Aujourd'hui, dix mois après la naissance de son deuxième enfant, Agnès se retrouve avec huit kilos en trop par rapport au poids qu'elle affichait lors de son mariage. Elle se sent mal à l'aise dans cette corpulence accrue.

Au cours des premiers mois qui ont suivi son second accouchement, Agnès était accaparée par les soins à prodiguer à ses deux jeunes enfants. À présent que son dernier approche un an, elle commence enfin à disposer d'un peu de temps pour penser à elle. Nous sommes en mars, et Agnès souhaite retrouver la ligne ; elle s'est donné trois mois pour y parvenir.

Agnès vit en banlieue parisienne. Pour élever ses enfants, elle a choisi d'interrompre pendant quelques années son activité professionnelle. Quant à son mari, il travaille à Paris et rentre généralement assez tard le soir.

Notre conseil

Le principe du repas centré autour d'un plat complet convient bien à Agnès. À midi, elle ne souhaite pas se préparer pour elle seule un déjeuner à rallonge. Le soir, entre le repas et le coucher de ses deux petits, elle n'a que peu de temps à consacrer à la cuisine ; de plus, son mari rentrant tard, le couple préfère ne pas s'éterniser à table. En revanche, elle participe « activement » au goûter de ses enfants, et elle aimerait garder ce plaisir.

Avec un programme à 10 points (voir p. 125 à 133),

Agnès devrait perdre deux à trois kilos par mois, soit six kilos d'ici l'été. Afin qu'il se concilie le mieux possible avec son mode de vie, Agnès répartira généralement ce programme de la façon suivante :

— un petit déjeuner à deux points ;

— un déjeuner à trois points avec un plat complet, un laitage et un fruit (ou un sorbet) ;

— un goûter à un point avec du pain agrémenté de chocolat ou de fromage ;

— un dîner à quatre points en alternant salade mélangée et plat complet chaud et en y associant du pain et un dessert. Parfois un morceau de fromage.

Comme son mari est gourmand, Agnès réserve le dessert pour le dîner. Et si d'aventure, elle a particulièrement faim à l'heure du goûter, elle prendra une collation plus copieuse que d'habitude et dans ce cas, elle ne touchera pas au pain le soir.

BÉNÉDICTE, 53 ANS

Son histoire

À la ménopause, Bénédicte a grossi de dix kilos. Elle souffre d'une arthrose au genou gauche, et cette prise de poids a encore accentué ses douleurs. Aussi, Bénédicte souhaite maigrir, suivant en cela les conseils de son rhumatologue. Bénédicte a commencé par suivre un régime sévère : pas de féculent, pas de pain, pas l'alcool, pas de charcuterie, très peu de beurre et d'huile. Un peu de viande et des légumes verts, voilà à quoi se limitent ses repas. Certes, elle a perdu cinq kilos en quelques semaines avec ce régime. À présent, l'hiver arrive, et elle se sent fort lasse. Elle commence à ressentir une certaine envie, pour ne pas dire une envie certaine, de plats en sauce, de desserts sucrés, de fromage et de pain, d'un petit verre de vin. Mais comment s'y prendre puisque son régime lui interdit ces nourritures ?

Notre conseil

Bénédicte doit impérativement faire une pause dans le programme d'amaigrissement qu'elle s'est donné. Si elle ne mange pas un peu plus, si elle ne s'octroie pas un plus grand nombre de plaisirs gourmands, elle risque vraiment de déprimer et d'être de plus en plus fatiguée. De plus, le cercle vicieux restriction-boulimie la guette si les frustrations s'accumulent. Enfin, si l'hiver est rude, elle supportera mal le froid. Bénédicte va donc se remettre à cuisiner et à satisfaire ses penchants pour la bonne chair. En suivant le régime associé, elle consommera :

— des féculents et du pain : leur amidon, qui est un bon glucide, donnera du tonus à ses muscles et à son cerveau ; il réchauffera son organisme, ce qui s'avérera plus confortable les jours de grand froid ;

— un peu plus de matières grasses : ses plats seront

ainsi plus onctueux ; elle craindra moins les gerçures et sa peau aura meilleur aspect, car les acides gras contenus dans les huiles interviennent à ce niveau ;

— des légumes et des fruits, qui calmeront sa faim et lui apporteront vitamines et minéraux, indispensables pour bien passer l'hiver ;

— de la viande, du poisson et des œufs, utiles pour un bon fonctionnement de ses organes et de ses muscles.

À partir des recettes du chef, elle confectionnera des entrées fines, des petits plats et des desserts originaux. Ces recettes lui permettront de satisfaire sa gourmandise et de recevoir des amis à dîner tout en protégeant sa ligne. Si elle a opté pour les menus centrés sur le plat complet, elle se tiendra à un programme à douze points, voire à quatorze, pour se stabiliser à son poids actuel (voir p. 125 à 133). Puisqu'elle apprécie les bons vins, elle en prendra un verre à chaque repas sans que cela ne nuise à sa forme ou à sa corpulence.

Ainsi, le poids de Bénédicte va se stabiliser durant l'hiver à ce niveau intermédiaire (plus cinq kilos par rapport à son poids avant ménopause, moins cinq kilos par rapport à son poids après ménopause). Au printemps, elle fera le point avec son médecin. Si les douleurs du genou ont disparu et si son poids actuel lui convient, elle cherchera non à maigrir plus (elle n'en tirerait pas de bénéfice au plan de la santé ou de la vie quotidienne), mais à conserver ce poids. Pour se stabiliser à long terme tout en restant en forme, les nouvelles habitudes alimentaires qu'elle a acquises au cours de ces trois mois suffiront probablement, sans qu'elle ait besoin de « suivre un régime ». Par contre, si elle souffre encore du genou, elle profitera du retour des beaux jours pour suivre un programme à dix points : elle perdra ainsi cinq kilos supplémentaires en trois-quatre mois.

CHARLES, 35 ANS

Son histoire

Charles avait l'habitude de jouer au football tous les dimanches matins avec une bande de copains. Mais depuis la naissance de son troisième enfant il a remplacé les matchs au stade par les promenades au parc ; il ne shoote plus dans le ballon, mais pousse le landau. Suite à l'arrêt brutal de son sport favori, Charles a pris quinze kilos en un an. Cet excès de poids le gêne dans ses gestes quotidiens, et, pense-t-il, nuit à sa carrière (l'aspect extérieur joue un rôle non négligeable dans le métier de Charles).

Charles réagit en sportif : il s'impose le défi de perdre ces kilos en six mois, pas un de plus. Il veut retrouver le niveau de son poids antérieur, soit soixante-quinze kilos, qu'il considère être son poids de forme optimale. Mais sa profession l'amène à partager de nombreux repas d'affaires, et il se demande comment réussir son défi, sans que cela n'altère ses relations professionnelles.

Notre conseil

Pour perdre trois kilos par mois tout en restant en forme et en prenant nombre de ses repas au restaurant, Charles suivra un programme à treize-quatorze points (voir p. 125 à 133), centré autour du plat complet.

Charles avait perdu l'habitude de prendre un petit déjeuner. Cela le conduisait à souffrir de fringales en fin de matinée et à trop manger à midi. Pour maigrir plus facilement, et ne plus subir le coup de barre de 11 heures, il se lèvera un quart d'heure plut tôt et profitera d'un petit déjeuner rassasiant.

Au restaurant, lorsque le plat principal ne comportera pas de féculent, il se tournera vers le pain. De plus, il consommera autant de légumes qu'il le souhaite. En revanche, il ne terminera pas systématiquement la viande ou le poisson : ceux-ci sont souvent servis trop copieusement. Par ailleurs, il alternera les formules entrée + plat et plat + dessert mais évitera les menus à rallonge. Quitte à déguster le petit carré de chocolat noir qui accompagne la tasse de café en fin de repas. Enfin, il évitera de boire plus d'un verre de vin, pour ne pas altérer sa capacité de travail dans l'après-midi ; il demandera toujours deux verres, l'un pour l'eau (destiné à étancher sa soif), l'autre pour le vin (à déguster gorgée par gorgée).

Les jours où le déjeuner aura été particulièrement riche, Charles appréciera le soir une salade composée et le plateau de fromage en guise de dîner.

Avec ses quatre-vingt-dix kilos actuels, Charles n'a pas le courage d'enfiler un short pour aller courir en forêt ou jouer au tennis. Il attendra donc d'avoir perdu sept-huit kilos avant de refaire du sport[1], et ce après accord de son médecin pour ne pas risquer un accident cardiaque. Cette nouvelle activité physique lui permettra de maintenir ses muscles en bonne forme tout en perdant du poids, puis de se stabiliser plus aisément à soixante-quinze kilos.

---

1. Pour choisir le type et le rythme de sa future activité sportive, Charles peut s'aider des conseils pratiques donnés dans *Le Guide du bien maigrir*.

DELPHINE, 40 ANS

Son histoire

Aussi loin que remonte sa mémoire, Delphine s'est toujours connue grosse. Après avoir essayé de nombreux régimes, avoir perdu de nombreux kilos et en avoir repris tout autant, Delphine pèse aujourd'hui cent-dix kilos. Cette obésité est, en partie au moins, d'origine héréditaire, puisque ses deux parents sont également très forts. Un tel excès de poids handicape Delphine, tant pour monter les escaliers que pour faire les courses. Depuis quelques mois, elle est même gênée pour dormir : la nuit, elle alterne ronflements et pause respiratoire ; le matin, elle se réveille épuisée ; et au cours de la journée, il lui arrive à plusieurs moments de s'endormir quelques secondes contre sa volonté. Ces troubles ont inquiété son médecin qui lui a vivement conseillé de perdre une trentaine de kilos.

Notre conseil

À quatre-vingt kilos, Delphine ne sera pas svelte, mais elle aura considérablement amélioré son état de santé ainsi que la qualité de sa vie. Un programme sur un an, avec une perte moyenne de deux kilos et demi par mois, paraît concilier prudence, efficacité et réalisme : pour maigrir sur cette durée, il faut suivre des conseils compatibles avec une vie sociale normale.

Delphine commencera avec un programme à douze points (voir p. 125 à 133). Celui-ci devrait lui faire perdre trois-quatre kilos par mois. Mais il aura surtout comme objectif de donner à Delphine des nouvelles habitudes alimentaires, avec en particulier :

— un petit déjeuner copieux ;

— une nourriture riche en légumes mais aussi en féculents ;

— une réduction de la quantité de beurre, d'huile et de plats gras.

Or, Delphine apprécie la texture moelleuse du gras. Pour continuer à manger onctueux tout en perdant du poids, Delphine s'aidera des Recettes du chef et des conseils généraux de cuisine proposés par ce livre.

Pour éviter la monotonie, Delphine pourra faire varier les quantités de sa nourriture et la vitesse d'amaigrissement. À l'approche des fêtes ou des vacances, elle fera une pause de deux à quatre semaines et mangera alors de façon à stabiliser son poids à un niveau intermédiaire (par exemple, un menu aux alentours de quinze points pour se stabiliser à quatre-vingt-dix kilos). Inversement, lorsqu'elle se sentira capable d'y parvenir sans frustration, elle réduira pendant un à deux mois sa prise de nourriture afin d'accélérer la perte pondérale (par exemple un menu à huit-neuf points pour perdre plus de quatre kilos par mois).

Son histoire

Comme beaucoup de jeunes filles, Elisabeth s'est arrondie à la puberté et ce d'une manière excessive à son goût. Elle n'est pas forte, se sent en excellente santé, mais pense qu'elle serait plus séduisante avec 4 kilos en moins. C'est tout du moins ce qui ressort de ses réflexions lorsqu'elle compare sa silhouette à celle des mannequins qui hantent les pages des journaux de mode.

Elisabeth a déjà essayé de suivre des « petits régimes » comme elle les appelle, régimes glanés au hasard des ouvrages diététiques, des magazines féminins ou des discussions entre amies. Le problème est qu'elle est étudiante : le budget qu'elle consacre à l'alimentation est plutôt maigre, et peu compatible avec la sophistication de certains régimes. Par ailleurs, elle mange souvent hors de chez elle, dans un café, un ou au restaurant universitaire. Comment arriver à maigrir dans ces conditions ?

Notre conseil

Elisabeth devrait d'abord faire le point. Se sentira-t-elle vraiment mieux dans sa peau avec quatre kilos en moins, le regard des autres sur elle-même deviendra-t-il vraiment différent ? Elle doit comparer les bénéfices escomptés de l'amaigrissement avec les contraintes liées à un changement dans ses habitudes alimentaires.

Si elle confirme son choix, Elisabeth aura probablement envie de perdre rapidement du poids : les beaux jours arrivent et un amaigrissement de quatre kilos en deux mois lui conviendrait parfaitement. Afin d'y parvenir tout en restant en forme pour pouvoir bien réviser ses examens et sortir avec ses copains, Elisabeth se concoctera un menu à dix points. Mis à part les jours (assez rare à vrai dire) où elle souhaite faire la cuisine,

Elisabeth ne se lancera pas dans la réalisation des recettes du chef. Elle préférera suivre les conseils de cuisine rapide présentés dans les parties « Bien cuisiner pour bien manger » et « Vos menus minceur au quotidien ». Au restaurant, et notamment au fast-food, il lui sera désormais plus facile de partager un moment de convivialité entre copains tout en mangeant léger (voir p. 294).

En ce qui concerne son portefeuille, Elisabeth se rendra vite compte que la cuisine que nous préconisions ne correspond pas à une façon onéreuse de se nourrir. Et si son budget est particulièrement serré (ou si elle préfère le consacrer à d'autres activités), elle s'aidera des tableaux comparatifs « économiques » des pages 319 à 323.

FRANÇOISE, 45 ANS

Son histoire

À l'occasion d'une procédure de divorce particulièrement conflictuelle, Françoise a subi une dépression nerveuse l'an dernier. Le soutien psychologique de ses proches n'a pas été suffisant pour la sortir de cette mauvaise passe, et son médecin a dû lui prescrire des médicaments antidépresseurs ainsi que des calmants. Au cours de ces longs mois de dépression, Françoise a pris une dizaine de kilos, sans même s'en rendre compte, sans vraiment avoir l'impression de manger plus qu'avant.

À présent, un an après le début du traitement, son moral s'améliore. Françoise vit désormais seule avec ses deux enfants. Elle est appréciée dans son travail, et elle recommence à sortir avec des amis. Sa nouvelle vie a pris bonne tournure, au point que son médecin est d'accord pour qu'elle réduise son traitement antidépresseur. Une ombre cependant, sa silhouette. Celle-ci ne lui permet plus de s'exprimer en société comme elle le souhaiterait, même si ses amies lui affirment que, « finalement, elle porte plutôt bien ces kilos superflus ».

Notre conseil

Il y a de fortes chances que la baisse du traitement antidépresseur constitue un moment propice à la prise en charge de son problème de poids. Elle en parlera avec son médecin. Mais Françoise a intérêt à maigrir lentement. Un régime trop strict et une perte de poids trop rapide risqueraient de déclencher un nouvel épisode dépressif. En revanche, un amaigrissement ne dépassant pas deux kilos par mois lui permettra de retrouver sa ligne tout en restant en forme et en gardant bon moral.

Pour y parvenir, Françoise s'aidera d'un programme situé entre dix et douze points (voir p. 125 à 133) : selon les jours, selon ses envies, selon les invitations, ce sera plutôt dix, ou plutôt douze, mais globalement, avec cette alternance, elle perdra un à deux kilos par mois. Ce programme ne l'empêchera pas de continuer à développer de nouvelles relations sociales et amicales, indispensables à son équilibre. Et, si d'aventure elle « craque » pour une tablette de chocolat ou un repas pantagruélique, il lui suffira de se mettre pendant quarante-huit heures au programme à huit points pour que son objectif minceur ne soit pas compromis.

GÉRARD, 50 ANS

Son histoire

Lorsque Gérard évoque sa corpulence, il distingue très clairement deux périodes. Jusqu'à l'âge de trente ans, il était resté svelte sans pour cela se surveiller le moins du monde. Une vie d'étudiant tourné plus vers les révisions que vers la fréquentation des restaurants fins ainsi que la pratique régulière du jogging lui tenaient lieu de régime : son poids restait obstinément égal à lui-même d'une année sur l'autre. La trentaine arrivant, la vie de Gérard a changé : les repas soignés préparés par son épouse ont remplacé les sandwichs vite pris ou le restaurant universitaire ; et le jogging a laissé la place à la promenade du dimanche matin avec les enfants. Parallèlement, son poids augmentait de façon progressive, d'un petit kilo par an, le tout le menant à un excès de poids de vingt kilos par rapport à ses trente ans.

Gérard s'accommode finalement assez bien de la corpulence, plutôt ronde, qui est la sienne à présent. Elle ne le gêne ni dans sa vie professionnelle, ni dans sa vie familiale, et elle ne l'empêche pas de rester très actif. Mais son médecin ne voit pas les choses du même œil. Un diabète, trop de cholestérol, trop de tension artérielle : autant d'ennuis qui ont récemment été détectés chez Gérard, et qui pourraient poser problème dans un avenir relativement proche. Aussi, son médecin lui a recommandé de perdre du poids afin de réduire ce qu'il faut bien appeler des facteurs de risque cardio-vasculaire.

Notre conseil

Gérard a un impératif médical pour maigrir : retrouver des valeurs normales de glycémie (diabète), de cholestérol et de tension. Pour ce faire, il se donnera d'abord six mois pour perdre une douzaine de kilos. Avec un programme à douze-treize points (voir p. 125 à 133), cela ne devrait pas être trop difficile. Et ce ne sont pas un ou deux écarts dans la semaine à l'occasion d'un dîner chez des amis qui l'empêcheront de perdre deux kilos par mois.

Il est probable qu'avec douze kilos en moins disparaissent les problèmes de santé de Gérard. Si c'est le cas, et puisque quelques rondeurs ne suffisent pas à altérer sa qualité de vie, Gérard s'en contentera. Il lui faudra alors stabiliser son nouveau poids, et ne pas reprendre les kilos perdus. Dans cet objectif, Gérard recommencera à courir deux à trois fois par semaine, à son rythme et après avis de son médecin. De plus, il aura appris à « gérer » sa nourriture de manière à concilier minceur avec vie familiale et repas entre amis.

CET OUVRAGE
A ÉTÉ REPRODUIT
ET ACHEVÉ D'IMPRIMER SUR ROTO-PAGE
PAR L'IMPRIMERIE FLOCH À MAYENNE
EN AVRIL 1999

N° d'impression : 46006.
N° d'édition : 7381-0243-4.
Dépôt légal : décembre 1997.